证券投资顾问胜任能力考试辅导系列

考情分析 · 备考方法 · 思维导图 · 考点精讲 · 过关演练

证券投资顾问业务
教材精编

证券投资顾问胜任能力考试研究中心 · 编

中国政法大学出版社

2016 · 北京

图书在版编目（ＣＩＰ）数据

证券投资顾问业务教材精编/证券投资顾问胜任能力考试研究中心编.—北京：中国政法大学出版社，2016.7

ISBN 978-7-5620-6870-9

Ⅰ.①证… Ⅱ.①证… Ⅲ.①证券投资－投资分析－资格考试－教材　Ⅳ.①F830.91

中国版本图书馆 CIP 数据核字 (2016) 第 164563 号

出 版 者	中国政法大学出版社
地　　址	北京市海淀区西土城路 25 号
邮寄地址	北京 100088 信箱 8034 分箱　邮编 100088
网　　址	http://www.cuplpress.com（网络实名：中国政法大学出版社）
电　　话	010-58908285(总编室) 58908433（编辑部）58908334(邮购部)
承　　印	大厂书文印刷有限公司
开　　本	787mm×1092mm　1/16
印　　张	12
字　　数	280 千字
版　　次	2016 年 7 月第 1 版
印　　次	2016 年 7 月第 1 次印刷
定　　价	34.80 元

为了帮助参加证券投资顾问胜任能力考试的应试人员更加有效地备考,熟练掌握有关内容,顺利通过考试,证券投资顾问胜任能力考试研究中心特地组织了多次参加考前辅导的专家教授,严格按照中国证券业协会颁布的最新《证券投资顾问胜任能力考试考试大纲》,在认真分析和总结历次考试情况的基础上,精心编写了证券投资顾问胜任能力考试辅导系列:

1. 证券投资顾问业务教材精编

2. 证券投资顾问业务历年真题及全真密押试卷

本书作者均为国内知名的证券投资顾问胜任能力考试辅导老师,书中从证券投资顾问胜任能力考试特点出发,针对《证券投资顾问业务》科目的内容特点,在分析总结近几次考试特点的基础上,全面介绍了该科目中的各项内容,具体包括四部分共八章内容,每章又分为考情分析、备考方法、思维导图、考点精讲和过关演练五个模块。书中不仅着重对相关的重点、难点进行了深入的讲解,同时提供了丰富的同步练习题供考生训练。

本书具有以下三个特点:

1. 专业的考情分析、备考方法与思维导图,为考生指点迷津

每章开头的考情分析和备考方法板块介绍了本章的命题规律、命题方式、重要考点和备考方法;思维导图板块给考生勾勒了每章的框架结构,可以让考生轻松掌握本章的脉络。

2. 紧扣考试大纲,明确复习要点,减少复习时间

本书以最新考试大纲为依据,不仅全面覆盖考试大纲的知识点,而且在考点精讲部分对各知识点进行了归纳整理,可以帮助考生明确复习要点,判断出各考点的重要程度,提高复习效率。

3. 典型的过关演练习题,精选历次真题,让考生复习更高效

编者在深入研究近三次考试真题的基础上,深入剖析典型过关演练习题,并给出了详细的解析,考生可通过每章最后的过关演练进行自测,举一反三解答类似考题。

我们的出版理念是以精准的内容为考生提供价值最大化的辅导书,使考生从众多的复习书中解脱出来,真正让学习更轻松,让考试更有效。

朋友,选择我们的书,你就选择了一条正确的复习道路,选择了一条轻松的成功之路。

我们真诚地预祝您考试取得成功!

证券投资顾问胜任能力考试研究中心

2016.6

目录

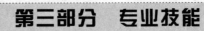
第三部分　专业技能

第四部分　专项业务

第一部分
业务监管

第一章 证券投资顾问业务监管

● ● ● ● ● ● 考情分析 ● ● ● ● ● ●

本章是《证券投资顾问业务》学习的基础,其中许多内容直接影响学习者对随后章节的理解和掌握,本章主要考点是证券投资顾问业务监管的资格管理、主要职责、工作规范和法律责任四个方面。其中,资格管理部分主要介绍了证券投资顾问的职业资格取得条件、方式、管理及职业培训要求;主要职责部分介绍了证券公司、投资咨询机构及证券投资顾问提供投资建议服务的职责;工作流程部分介绍了证券投资顾问业务的一些工作规范、要求、制度及职业操守等;法律责任部分主要介绍了证券公司、证券投资咨询机构及其人员从事证券投资顾问业务违反法律法规的后果等。

● ● ● ● ● ● 备考方法 ● ● ● ● ● ●

本章属于识记性内容,相对其他章节而言比较简单,但是内容繁杂,考点细碎,在近3次考试中,本章所占的分值约为14分。证券投资顾问的业务监管从内容上主要涉及证券投资顾问的工作流程中的各环节应该满足的基本要求。

● ● ● ● ● ● 思维导图 ● ● ● ● ● ●

证券投资顾问业务监管
- 资格管理
  - ①执业资格取得的条件和方式
  - ②监管、自律管理和机构管理
  - ③后续执业培训的要求
- 主要职责
  - ①提供品种选择投资建议服务的职责
  - ②提供投资组合投资建议服务的职责
  - ③提供理财规划投资建议服务的职责
- 工作规程
- 法律责任
  - 证券公司、证券投资咨询机构及其人员从事证券投资顾问业务,违反法律、行政法规和相关规定的法律后果、监管措施及法律责任

第一节 资格管理

一、执业资格取得的条件和方式

(一)具备条件

申请证券投资顾问的执业资格应当具备以下条件:

(1)通过证券投资顾问业务科目(或改革前证券基础知识和证券投资分析科目),取得证券从业资格;

(2)被证券公司、投资咨询机构或资信评级机构聘用;

(3)具有中华人民共和国国籍;

(4)具有完全民事行为能力;

(5)具有大学本科及以上学历(教育部认可的);

(6)具有从事证券业务两年以上的经历;

(7)未受过刑事处罚;

(8)未被中国证监会认定为证券市场禁入者即使已过禁入期;

(9)品行端正,具有良好的职业道德;

(10)法律、行政法规和中国证监会规定的其他条件。

(二)取得方式

执业证书通过所在机构向中国证券业协会申请。协会应当自收到执业申请之日起30日内,向证监会备案,颁发执业证书。执业证书不实行分类。取得执业证书的人员,经机构委派,可以代表聘用机构对外开展本机构经营的证券业务,若连续3年不在机构从业,由协会注销其执业证书;重新执业的,应当参加协会组织的执业培训,并重新申请执业证书。

二、证券投资顾问的监管、自律管理和机构管理

(一)监管和自律管理

中国证监会及其派出机构依法对证券公司、证券投资咨询机构从事证券投资顾问业务实行监督管理。中国证券业协会对证券公司、证券投资咨询机构从事证券投资顾问业务实行自律管理。

(二)机构管理

《证券投资顾问业务暂行规定》对证券公司、证券投资咨询机构从事证券投资顾问业务做出了具体规范要求：

(1)证券公司、证券投资咨询机构从事证券投资顾问业务,应当遵守法律、行政法规和本规定,加强合规管理,健全内部控制,防范利益冲突,切实维护客户合法权益。

(2)证券公司、证券投资咨询机构及其人员应当遵循诚实信用原则,勤勉、审慎地为客户提供证券投资顾问服务。

(3)证券公司、证券投资咨询机构及其人员提供证券投资顾问服务,应当忠实客户利益,不得为公司及其关联方的利益损害客户利益;不得为证券投资顾问人员及其利益相关者的利益损害客户利益;不得为特定客户利益损害其他客户利益。

(4)证券公司、证券投资咨询机构应当制定证券投资顾问人员管理制度,加强对证券投资顾问人员注册登记、岗位职责、执业行为的管理。

(5)证券公司、证券投资咨询机构应当建立健全证券投资顾问业务管理制度、合规管理和风险控制机制,覆盖业务推广、协议签订、服务提供、客户回访、投诉处理等业务环节。

(6)证券公司、证券投资咨询机构从事证券投资顾问业务,应当保证证券投资顾问人员数量、业务能力、合规管理和风险控制与服务方式、业务规模相适应。

(7)证券公司、证券投资咨询机构向客户提供证券投资顾问服务,应当按照公司制定的程序和要求,了解客户的身份、财产与收入状况、证券投资经验、投资需求与风险偏好,评估客户的风险承受能力,并以书面或者电子文件形式予以记载、保存。

(8)证券公司、证券投资咨询机构向客户提供证券投资顾问服务,应当告知客户下列基本信息:①公司名称、地址、联系方式、投诉电话、证券投资咨询业务资格等;②证券投资顾问的姓名及其证券投资咨询执业资格编码;③证券投资顾问服务的内容和方式;④投资决策由客户作出,投资风险由客户承担;⑤证券投资顾问不得代客户作出投资决策。

证券公司、证券投资咨询机构应当通过营业场所、中国证券业协会和公司网站,公示前款第①、②项信息,方便投资者查询、监督。

(9)证券公司、证券投资咨询机构应当向客户提供《风险揭示书》,并由客户签收确认。《风险揭示书》内容与格式要求由中国证券业协会制定。

(10)证券公司、证券投资咨询机构提供证券投资顾问服务,应当与客户签订证券投资顾问服务协议,并对协议实行编号管理。

(11)证券公司、证券投资咨询机构应当为证券投资顾问服务提供必要的研究支持。证券公司、证券投资咨询机构的证券研究不足以支持证券投资顾问服务需要的,应当向其他具有证券投资咨询业务资格的证券公司或者证券投资咨询机构购买证券研究报告,提升证券投资顾问服务能力。

(12)证券公司、证券投资咨询机构从事证券投资顾问业务,应当建立客户回访机制,明

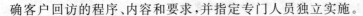

确客户回访的程序、内容和要求,并指定专门人员独立实施。

(13)证券公司、证券投资咨询机构从事证券投资顾问业务,应当建立客户投诉处理机制,及时、妥善处理客户投诉事项。

(14)证券公司、证券投资咨询机构应当按照公平、合理、自愿的原则,与客户协商并书面约定收取证券投资顾问服务费用的安排,可以按照服务期限、客户资产规模收取服务费用,也可以采用差别佣金等其他方式收取服务费用。

(15)证券公司、证券投资咨询机构应当规范证券投资顾问业务推广和客户招揽行为,禁止对服务能力和过往业绩进行虚假、不实、误导性的营销宣传,禁止以任何方式承诺或者保证投资收益。

(16)证券公司、证券投资咨询机构通过广播、电视、网络、报刊等公众媒体对证券投资顾问业务进行广告宣传,应当遵守《中华人民共和国广告法》和证券信息传播的有关规定,广告宣传内容不得存在虚假、不实、误导性信息以及其他违法违规情形。

(17)证券公司、证券投资咨询机构通过举办讲座、报告会、分析会等形式,进行证券投资顾问业务推广和客户招揽的,应当提前5个工作日向举办地证监局报备。

(18)以软件工具、终端设备等为载体,向客户提供投资建议或者类似功能服务的,应当执行本规定。

(19)证券公司、证券投资咨询机构应当对证券投资顾问业务推广、协议签订、服务提供、客户回访、投诉处理等环节实行留痕管理。向客户提供投资建议的时间、内容、方式和依据等信息,应当以书面或者电子文件形式予以记录留存。

(20)证券公司、证券投资咨询机构以合作方式向客户提供证券投资顾问服务,应当对服务方式、报酬支付、投诉处理等作出约定,明确当事人的权利和义务。

(21)鼓励证券公司、证券投资咨询机构组织安排证券投资顾问人员,按照证券信息传播的有关规定,通过广播、电视、网络、报刊等公众媒体,客观、专业、审慎地对宏观经济、行业状况、证券市场变动情况发表评论意见,为公众投资者提供证券资讯服务,传播证券知识,揭示投资风险,引导理性投资。

(22)证券公司从事证券经纪业务,附带向客户提供证券及证券相关产品投资建议服务,不就该项服务与客户单独作出协议约定、单独收取证券投资顾问服务费用的,其投资建议服务行为参照执行本规定有关要求。

三、证券投资顾问后续执业培训的要求

根据《证券投资顾问业务暂行规定》第二十九条规定:证券公司、证券投资咨询机构应当加强人员培训,提升证券投资顾问的职业操守、合规意识和专业服务能力。

表 1-1 证券投资顾问后续执业培训的要求

项目	内容
目标	①进一步有针对性地加强执业人员对证券市场法律法规的掌握程度； ②增强执业人员的守法意识、诚信意识,通过多种形式的证券业务专题培训切实提高执业人员的业务素质
具体内容	从事研究分析及投资咨询业务的人员应重点掌握权证、期权等市场创新产品及融资融券、资产证券化等创新业务的基本概念、运作方式和操作规则;熟悉证券投资咨询人员的职业道德规范
意义	加强人员培训有助于提升证券投资顾问的职业操守、合规意识和专业服务能力

第二节 主要职责

证券投资顾问向客户提供的投资建议内容包括投资的品种选择、投资组合以及理财规划建议等,其主要职责如下:

(1)证券投资顾问应当在评估客户风险承受能力和服务需求的基础上,向客户提供适当的投资建议服务。

(2)证券投资顾问向客户提供的投资建议应依据包括证券研究报告或者基于证券研究报告、理论模型以及分析方法形成的投资分析意见等。

(3)证券投资顾问应当向客户说明作出投资建议所依据的证券研究报告的发布人、发布日期。

(4)证券投资顾问应当向客户提示潜在的投资风险,禁止以任何方式向客户承诺或者保证投资收益。

(5)证券投资顾问若知悉客户作出的具体投资决策计划,不得向他人泄露该客户的投资决策计划信息。

(6)证券投资顾问服务费用应当以公司账户收取,禁止以证券投资顾问人员个人名义收取。

(7)证券投资顾问不得通过广播、电视、网络、报刊等公众媒体,作出买入、卖出或者持有具体证券的投资建议。

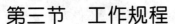

第三节 工作规程

一、证券投资顾问业务管理制度

证券投资顾问业务,是证券投资咨询业务的一种基本形式,指公司接受客户委托,按照约定,向客户提供涉及证券及证券相关产品的投资建议服务,其内容包括投资的品种选择、投资组合以及理财规划建议等,辅助客户作出投资决策,并直接或间接获取经济利益的经营活动。

证券投资顾问,是指公司正在或将要从事符合证监会《证券投资顾问业务暂行规定》中所指证券投资顾问业务,取得证券投资咨询执业资格且在中国证券业协会注册登记成为证券投资顾问的证券营业部员工。证券投资顾问不得同时注册为证券分析师。

证券公司各主要职能部门及职责如表1-2所示。

表1-2 证券公司各主要职能部门及职责

部门	职责
经纪管理总部证券营业部	负责投资顾问的日常管理、招聘、培训、监督、考核、投诉和回访等工作
投资顾问部	负责证券投资顾问的专业指导、专业培训和专业评价等工作,负责提供证券投资顾问产品或服务
人力资源部	负责投资顾问的人事管理、资格申报和注册登记等相关事宜
信息技术部	负责提供投资顾问业务相关的信息技术支持
法律合规部	负责投资顾问业务有关规章制度、合同文本的合规审核,开展投资顾问业务有关合规培训和合规咨询,在合规检查工作中对投资顾问业务进行合规性检查,并对投资顾问业务进行合规考核,并将投资顾问业务纳入公司信息隔离墙统一管理

二、证券投资顾问业务合规管理和风险控制机制

(一)合规管理

证券公司、证券投资咨询机构从事证券投资顾问业务,应当遵守法律、行政法规和《证券投资顾问业务暂行规定》,加强合规管理,健全内部控制,防范利益冲突,切实维护客户合法权益。

证券公司、证券投资咨询机构及其人员应当遵循诚实信用原则,勤勉、审慎地为客户提供证券投资顾问服务。

证券公司、证券投资咨询机构及其人员提供证券投资顾问服务,应当忠实客户利益,不得为公司及其关联方的利益损害客户利益;不得为证券投资顾问人员及其利益相关者的利益损害客户利益;不得为特定客户利益损害其他客户利益。

1. 证券投资顾问业务的信息隔离机制

(1)公司高管层的隔离;

(2)公司各业务板块或部门之间的隔离;

(3)证券投资顾问与证券分析师之间的隔离。

2. 证券投资顾问业务的补充机制

(1)信息披露

投资顾问应当公开其自身的基本信息,以供投资者决策判断,其具体内容包括:

①投资顾问的执业资格及基本经历;

②其所推荐产品的基本特征和风险性质;

③投资顾问与其推荐的产品有无关联关系等;

④在境外,投资顾问尚需披露其自身及其所在公司持有或投资相关股票的情况。

(2)业务限制

①静默期;

②限制清单。

(二)风险控制机制

公司在开展投资顾问业务时应制定相关风险控制措施,包括但不限于以下内容:

(1)根据投资顾问建议的不同,分别制定审核流程;

(2)定期进行风险评估、投资顾问绩效评估,检查服务流程的有效性和合规性;

(3)证券投资顾问对服务客户的资产组合进行账户跟踪服务,结合客户的风险承受能力,对客户做出风险提示等。

三、证券投资顾问业务推广、协议签订、服务提供、客户回访和投诉处理等业务环节

(一)业务推广

(1)证券公司应当规范证券投资顾问业务推广和客户招揽行为,禁止对服务能力和过往业绩进行虚假、不实、误导性的营销宣传,禁止以任何方式承诺或者保证投资收益。

(2)证券公司通过广播、电视、网络、报刊等公众媒体对证券投资顾问业务进行广告宣传,应当遵守《中华人民共和国广告法》和证券信息传播的有关规定,广告宣传内容不得存在虚假、不实、误导性信息以及其他违法违规情形。

(3)证券公司应当提前5个工作日将广告宣传方案和时间安排向公司住所地证监局、媒体所在地证监局报备。

（4）证券公司通过举办讲座、报告会、分析会等形式，进行证券投资顾问业务推广和客户招揽的，应当提前5个工作日向举办地证监局报备。

（二）协议签订

了解客户情况，评估客户的风险承受能力，为客户选择适当的投资顾问服务或产品，告知客户服务内容、方式、收费以及风险情况，由客户自主选择是否签约。目前，投资顾问服务协议体现为多种形式，如客户提交书面"服务申请表"开通服务、客户在网上交易平台申请开通服务、与公司总部签订《投资顾问服务协议》等。

（三）服务提供

投资顾问服务人员通过面对面交流、电话、短信、电子邮件等方式向客户提供投资建议服务。证券公司通过适当的技术手段，记录、监督投资顾问服务人员与客户的沟通过程，实现过程留痕。

（四）客户回访和投诉处理

投资顾问业务的客户回访应注意以下几点：

（1）另设回访机制；

（2）全面回访；

（3）回访留痕或参照。

四、证券投资顾问业务的原则

表1-3 证券投资顾问业务的原则

原则	内容
忠实诚信	指证券投资顾问应遵守并奉行高标准的诚实、清廉和公正原则，确实掌握客户之资力、投资经验与投资目的，据以提供适当之服务，并谋求客户之最大利益，不得有误导、诈欺、利益冲突或内线交易之行为
勤勉尽责	公司员工应于其业务范围内，注意业务进行与发展，对客户的要求与疑问，适时提出说明，无论和现有客户、潜在客户、雇主或职员进行交易时，都必须秉持公正公平且充分尊重对方
善良管理人注意	证券投资顾问应以善良管理人之责任及注意，确实遵守公司内部之职能区隔机制，以提供证券投资顾问服务及管理客户委托之资产，并提供最佳之证券投资服务
专业胜任	应持续充实专业职能，并有效运用于职务上之工作，树立专业投资理财风气
保密	妥慎保管客户资料，禁止泄露机密信息或有不当使用之情事，以建立客户信赖之基础

五、证券投资顾问业务的要求

(一)人员执业资格

向客户提供证券投资顾问服务的人员,应当具有证券投资咨询执业资格,并在中国证券业协会注册登记为证券投资顾问,且不得同时注册为证券分析师。

(二)管理制度建设

(1)证券公司应当制定证券投资顾问人员管理制度,加强对证券投资顾问人员注册登记、岗位职责、执业行为的管理。

(2)证券公司应当建立健全证券投资顾问业务管理制度、合规管理和风险控制机制,覆盖业务推广、协议签订、服务提供、客户回访、投诉处理等业务环节。

(3)证券公司应当保证证券投资顾问人员数量、业务能力、合规管理和风险控制与服务方式、业务规模相适应。

(三)投资顾问业务的适当性管理

(1)证券公司应当按照公司制定的程序和要求,了解客户的身份、财产与收入状况、证券投资经验、投资需求与风险偏好,评估客户的风险承受能力,并以书面或者电子文件形式予以记载、保存。

(2)证券投资顾问应当根据了解的客户情况,在评估客户风险承受能力和服务需求的基础上,向客户提供适当的投资建议服务。

(四)证券投资建议、客户回访及投诉管理

(1)证券投资顾问向客户提供投资建议,应当提示潜在的投资风险,禁止以任何方式向客户承诺或者保证投资收益。

鼓励证券投资顾问向客户说明与其投资建议不一致的观点,作为辅助客户评估投资风险的参考。

(2)证券投资顾问若知悉客户作出的具体投资决策计划,不得向他人泄露该客户的投资决策计划信息。

(3)证券投资顾问不得通过广播、电视、网络、报刊等公众媒体,作出买入、卖出或者持有具体证券的投资建议。

(4)证券公司应当建立客户回访机制,明确客户回访的程序、内容和要求,并指定专门人员独立实施。

(5)证券公司应当建立客户投诉处理机制,及时、妥善处理客户投诉事项。

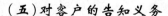

(五)对客户的告知义务

证券公司向客户提供证券投资顾问服务,应当告知客户下列基本信息:

(1)公司名称、地址、联系方式、投诉电话、证券投资咨询业务资格等;

(2)证券投资顾问的姓名及其证券投资咨询执业资格编码;

(3)证券投资顾问服务的内容和方式;

(4)投资决策由客户作出,投资风险由客户承担;

(5)证券投资顾问不得代客户作出投资决策。

(六)风险揭示

证券公司应当向客户提供风险揭示书,并由客户签收确认。风险揭示书内容与格式要求由中国证券业协会制定。

(七)投资顾问服务协议

证券公司提供证券投资顾问服务,应当与客户签订证券投资顾问服务协议,并对协议实行编号管理。

六、证券投资顾问业务的流程

表1-4　证券投资顾问业务的流程

流程	内容
服务模式的选择和设计	根据客户的需求和特征,选择和设计个性化或者标准化的顾问服务模式
客户签约	了解客户情况,评估客户的风险承受能力,为客户选择适当的投资顾问服务或产品,告知客户服务内容、方式、收费以及风险情况,由客户自主选择是否签约
形成服务产品	公司总部或者证券营业部的投资顾问团队根据证券研究报告以及其他公开证券信息,分析证券投资品种、理财产品的风险特征,形成具体的投资建议或者标准化顾问服务产品,提供给直接面对客户的投资顾问服务人员
服务提供	投资顾问服务人员通过面对面交流、电话、短信、电子邮件等方式向客户提供投资建议服务。证券公司通过适当的技术手段,记录、监督投资顾问服务人员与客户的沟通过程,实现过程留痕

七、证券投资顾问业务风险揭示书的要求

证券公司应当向客户提供风险揭示书,并由客户签收确认。

根据中国证券业协会制定的《证券投资顾问业务风险揭示书必备条款》、《证券投资顾问

业务风险揭示书》至少应包含下列内容：

(1)提示投资者在接受证券投资顾问服务前,必须了解提供服务的证券公司是否具备证券投资咨询业务资格,其提供服务的人员是否具备证券投资咨询执业资格并已经注册登记为证券投资顾问。

(2)提示投资者在接受证券投资顾问服务前,必须了解证券投资顾问业务的含义,理解投资者接受证券投资顾问服务后需自主作出投资决策并独立承担投资风险。

(3)提示投资者在接受证券投资顾问服务前,必须了解证券公司及其人员提供的证券投资顾问服务不能确保投资者获得盈利或本金不受损失。

(4)提示投资者在接受证券投资顾问服务前,必须了解证券公司及其人员提供的投资建议具有针对性和时效性,不能在任何市场环境下长期有效。

(5)提示投资者在接受证券投资顾问服务前,必须了解作为投资建议依据的证券研究报告和投资分析意见等,可能存在不准确、不全面或者被误读的风险,投资者可以向证券投资顾问了解证券研究报告的发布人和发布时间以及投资分析意见的来源,以便在进行投资决策时作出理性判断。

(6)提示投资者在接受证券投资顾问服务前,必须了解所在的证券公司证券投资顾问服务的收费标准和方式,按照公平、合理、自愿的原则与证券公司、证券投资咨询机构协商并书面约定收取证券投资顾问服务费用的安排。证券投资顾问服务收费应向公司账户支付,不得向证券投资顾问人员或其他个人账户支付。

(7)提示投资者在接受证券投资顾问服务前,必须了解证券公司及其人员可能存在道德风险。如投资者发现投资顾问存在违法违规行为或利益冲突情形,如泄露客户投资决策计划、传播虚假信息、进行关联交易等,投资者可以向证券公司投诉或向有关部门举报。

(8)提示投资者在接受证券投资顾问服务前,必须了解证券公司存在因停业、解散、撤销、破产,或者被中国证监会撤销相关业务许可、责令停业整顿等原因导致不能履行职责的风险。

(9)提示投资者在接受证券投资顾问服务前,必须了解证券公司的投资顾问人员存在因离职、离岗等原因导致更换投资顾问服务人员并影响服务连续性的风险。

(10)提示投资者在接受证券投资顾问服务前,应向证券公司说明自身资产与收入状况、投资经验、投资需求和风险偏好等情况并接受评估,以便于证券公司根据投资者的风险承受能力和服务需求,向投资者提供适当的证券投资顾问服务。

(11)提示投资者在接受证券投资顾问服务前,应向证券公司提供有效的联系方式和服务获取方式,如有变动须及时向所在的证券公司机构进行说明。如因投资者自身原因或不可抗力因素导致投资者未能及时获取证券投资顾问服务,责任将由投资者自行承担。

(12)提示投资者在接受证券投资顾问服务时,应保管好自己的证券账户、资金账户和相应的密码,不要委托证券投资顾问人员管理自己的证券账户、资金账户,代理买卖证券;否则由此导致的风险将由投资者自行承担。

(13)证券公司以软件工具、终端设备等为载体,向客户提供投资建议或者类似功能服务

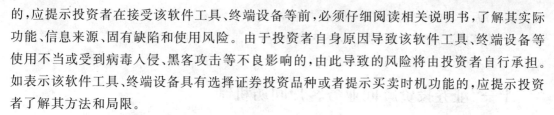

的,应提示投资者在接受该软件工具、终端设备等前,必须仔细阅读相关说明书,了解其实际功能、信息来源、固有缺陷和使用风险。由于投资者自身原因导致该软件工具、终端设备等使用不当或受到病毒入侵、黑客攻击等不良影响的,由此导致的风险将由投资者自行承担。如表示该软件工具、终端设备具有选择证券投资品种或者提示买卖时机功能的,应提示投资者了解其方法和局限。

(14)风险揭示书还应以醒目文字载明以下内容:

①本风险揭示书的揭示事项仅为列举性质,未能详尽列明投资者接受证券投资顾问服务所面临的全部风险和可能导致投资者投资损失的所有因素。

②投资者在接受证券投资顾问服务前,应认真阅读并理解相关业务规则、证券投资顾问服务协议及本风险揭示书的全部内容。

③接受证券投资顾问服务的投资者,自行承担投资风险,证券公司不以任何方式向投资者作出不受损失或者取得最低收益的承诺。

④特别提示:投资者应签署本风险揭示书,表明投资者已经理解并愿意自行承担接受证券投资顾问服务的风险和损失。

八、证券投资顾问服务协议的要求

证券公司、证券投资咨询机构提供证券投资顾问服务,应当与客户签订证券投资顾问服务协议,并对协议实行编号管理。协议应当包括下列内容:

(1)当事人的权利义务;

(2)证券投资顾问服务的内容和方式;

(3)证券投资顾问的职责和禁止行为;

(4)收费标准和支付方式;

(5)争议或者纠纷解决方式;

(6)终止或者解除协议的条件和方式。

证券投资顾问服务协议应当约定,自签订协议之日起5个工作日内,客户可以书面通知方式提出解除协议。证券公司、证券投资咨询机构收到客户解除协议书面通知时,证券投资顾问服务协议解除。

九、证券投资顾问向客户提供投资建议的相关依据

《证券投资顾问业务暂行规定》第十六条规定,证券投资顾问应当依据包括证券研究报告或者基于证券研究报告、理论模型以及分析方法形成的投资分析意见等向客户提供投资建议。

十、证券投资顾问业务投资者适当性管理的要求

(1)证券公司向客户提供证券投资顾问服务,应当按照公司制定的程序和要求,了解客户的身份、财产与收入状况、证券投资经验、投资需求与风险偏好,评估客户的风险承受能

力,并以书面或者电子文件形式予以记载、保存。

(2)证券投资顾问应当根据了解的客户情况,在评估客户风险承受能力和服务需求的基础上,向客户提供适当的投资建议服务。

十一、证券投资顾问业务客户回访机制

证券公司应当统一组织回访客户,对新开户客户应当在1个月内完成回访,对原有客户的回访比例应当不低于上年末客户总数的10%。回访内容应当包括但不限于客户身份核实、客户账户变动确认、证券营业部及证券业从业人员是否违规代客户操作账户、是否向客户充分揭示风险、是否存在全权委托行为等情况。客户回访应当留痕,相关资料应当保存不少于3年。

十二、证券投资顾问业务客户投诉处理机制

证券公司及证券营业部应当在公司网站及营业场所显著位置公示客户投诉电话、传真、电子信箱,保证投诉电话至少在营业时间内有人值守。证券公司及证券营业部应当建立客户投诉书面或者电子档案,保存时间不少于3年。每年4月底前,证券公司和证券营业部应当汇总上一年度证券经纪业务投诉及处理情况,分别报证券公司住所地及证券营业部所在地证监局备案。

十三、对证券投资顾问业务各环节留痕管理的要求

证券公司、证券投资咨询机构应当对证券投资顾问业务推广、协议签订、服务提供、客户回访、投诉处理等环节实行留痕管理。

向客户提供投资建议的时间、内容、方式和依据等信息,应当以书面或者电子文件形式予以记录留存。证券投资顾问业务档案的保存期限自协议终止之日起不得少于5年。

十四、证券投资顾问的禁止性行为的要求

(1)严禁接受客户的全权委托,严禁接受未经客户授权的非全权委托,不得代理客户办理提款、转托管、撤销指定及销户手续;

(2)严禁提供虚假信息,欺诈客户或为增加佣金收入而有意误导客户交易;

(3)严禁向客户作出投资保底、亏损有限或必定盈利等不切合实际的承诺;

(4)严禁向客户收取或索取酬谢,严禁串通客户损害公司或其他客户的声誉和利益;

(5)严禁相互诋毁及相互争夺客户;

(6)严禁以任何形式在公司内部现有客户中开发客户或将自行到营业部柜台开户的客户据为己有;

(7)严禁泄露客户开户资料及透露公司的商业机密。

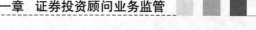

十五、证券投资顾问应具备的职业操守

(一)依法合规

证券公司从事证券投资顾问业务,应当遵守法律、行政法规和《证券投资顾问业务暂行规定》,加强合规管理,健全内部控制,防范利益冲突,切实维护客户合法权益。

(二)诚实守信

证券公司及其人员应当遵循诚实信用原则,勤勉、审慎地为客户提供证券投资顾问服务。

(三)公平维护客户利益

证券公司及其人员提供证券投资顾问服务,应当忠实客户利益,不得为公司及其关联方的利益损害客户利益,不得为证券投资顾问人员及其利益相关者的利益损害客户利益,不得为特定客户利益损害其他客户利益。

十六、证券投资顾问按照证券信息传播的有关规定,通过公众媒体开展业务的要求

(1)证券公司、证券投资咨询机构通过广播、电视、网络、报刊等公众媒体对证券投资顾问业务进行广告宣传,应当遵守《中华人民共和国广告法》和证券信息传播的有关规定,广告宣传内容不得存在虚假、不实、误导性信息以及其他违法违规情形。

(2)证券公司、证券投资咨询机构应当提前5个工作日将广告宣传方案和时间安排向公司住所地证监局、媒体所在地证监局报备。

(3)鼓励证券公司、证券投资咨询机构组织安排证券投资顾问人员,按照证券信息传播的有关规定,通过广播、电视、网络、报刊等公众媒体,客观、专业、审慎地对宏观经济、行业状况、证券市场变动情况发表评论意见,为公众投资者提供证券资讯服务,传播证券知识,揭示投资风险,引导理性投资。

(4)证券、期货投资咨询人员在报刊、电台、电视台或者其他传播媒体上发表投资咨询文章、报告或者意见时,必须注明所在证券、期货投资咨询机构的名称和个人真实姓名,并对投资风险作充分说明。证券、期货投资咨询机构向投资人或者客户提供的证券、期货投资咨询传真件必须注明机构名称、地址、联系电话和联系人姓名。

第四节 法律责任

一、从事证券投资顾问业务违反相关法律法规的后果

证券公司、证券投资咨询机构及其人员从事证券投资顾问业务,违反法律、行政法规和《证券投资顾问业务暂行规定》的,中国证监会及其派出机构可以采取责令改正、监管谈话、出具警示函、责令增加内部合规检查次数并提交合规检查报告、责令清理违规业务、责令暂停新增客户、责令处分有关人员等监管措施;情节严重的,中国证监会依照法律、行政法规和有关规定作出行政处罚;涉嫌犯罪的,依法移送司法机关。

二、从事证券服务业务的禁止性行为

(1)代理委托人从事证券投资;

(2)与委托人约定分享证券投资收益或者分担证券投资损失;

(3)买卖本咨询机构提供服务的上市公司股票;

(4)利用传播媒介或者通过其他方式提供、传播虚假或者误导投资者的信息;

(5)法律、行政法规禁止的其他行为。

有以上所列行为之一,给投资者造成损失的,依法承担赔偿责任。

三、对证券服务机构制作、出具文件的相关规定

证券服务机构为证券的发行、上市、交易等证券业务活动制作、出具审计报告、资产评估报告、财务顾问报告、资信评级报告或者法律意见书等文件,应当勤勉尽责,对所制作、出具的文件内容的真实性、准确性、完整性进行核查和验证。其制作、出具的文件有虚假记载、误导性陈述或者重大遗漏,给他人造成损失的,应当与发行人、上市公司承担连带赔偿责任,但是能够证明自己没有过错的除外。

在证券交易活动中作出虚假陈述或者信息误导的,责令改正,处以 3 万元以上 20 万元以下的罚款。该条款的主体包括证券投资咨询机构及证券投资咨询从业人员在内的一切机构与个人。

过关演练

一、选择题(以下备选项中只有一项符合题目要求)

1. 2010 年 10 月 12 日,中国证监会颁布了《发布证券研究报告暂行规定》和《证券投资顾问业务暂行规定》,两个规定旨在进一步规范( )业务。

A. 投资咨询 　　　　　　　　B. 投资顾问

C. 证券经纪 　　　　　　　　D. 财务顾问

【答案】A

【解析】2010年10月12日,中国证监会同时颁布了《证券投资顾问业务暂行规定》和《发布证券研究报告暂行规定》,明确了证券投资顾问和发布证券研究报告业务是证券投资咨询业务的两类基本形式。这两个规定自2011年1月1日起施行。这是规范证券公司、证券投资咨询机构从事证券投资顾问、发布证券研究报告业务行为,保护投资者合法权益,维护证券市场秩序的又一次重要举措。

2.(　　)一般指证券机构担任证券公开发行活动的承销商或财务顾问,在本机构承销或管理的证券发行活动之前和之后的一段时期内,其研究人员不得对外发布关于该发行人的研究报告。

A. 时滞 　　　　　　　　　　B. 静默期

C. 隔离墙 　　　　　　　　　D. 回避

【答案】B

【解析】静默期一般指证券机构担任证券公开发行活动的承销商或财务顾问,在本机构承销或管理的证券发行活动之前和之后的一段时期内,其研究人员不得对外发布关于该发行人的研究报告。静默期的意义在于,防止分析师为配合本公司投资银行业务调控发行人股价的需要,发布倾向性、误导性的研究报告。

3. 下列不属于证券市场信息发布媒介的是(　　)。

A. 电视 　　　　　　　　　　B. 广播

C. 报纸 　　　　　　　　　　D. 内部刊物

【答案】D

【解析】媒介是信息发布的主要渠道。只要符合国家的有关规定,各信息发布主体都可以通过各种书籍、报纸、杂志、其他公开出版物以及电视、广播、互联网等媒介披露有关信息。内部刊物不属于公共媒介,无法成为证券市场信息发布的媒介。

4. 证券公司、证券投资咨询机构应当向客户提供风险揭示书,并由客户签收确认。风险揭示书内容与格式要求由(　　)制定。

A. 中国证监会 　　　　　　　B. 交易所

C. 本公司 　　　　　　　　　D. 中国证券业协会

【答案】D

【解析】根据《证券投资顾问业务暂行规定》第十三条规定,证券公司、证券投资咨询机构应当向客户提供《风险揭示书》,并由客户签收确认。《风险揭示书》内容与格式要求由中国证券业协会制定。

5.(　　)对证券公司和证券投资咨询机构发布证券研究报告行为实行自律管理,并制定相应的职业规范和行为准则。

A. 中国证券业协会 　　　　　B. 证券交易所

C. 中国证监会　　　　　　　　　　D. 证券登记结算公司

【答案】A

【解析】中国证券业协会对证券公司、证券投资咨询机构发布证券研究报告行为实行自律管理,并依据有关法律、行政法规和本规定,制定相应的执业规范和行为准则。中国证监会及其派出机构依法对证券公司、证券投资咨询机构发布证券研究报告行为实行监督管理。

6. 证券公司、证券投资咨询机构应当严格执行发布证券研究报告与其他证券业务之间的(　　　),防止存在利益冲突的部门及人员利用发布证券研究报告谋取不当利益。

A. 自动回避制度　　　　　　　　　　B. 隔离墙制度

C. 事前回避制度　　　　　　　　　　D. 分类经营制度

【答案】B

【解析】《发布证券研究报告暂行规定》对防范发布证券研究报告与证券资产管理业务之间的利益冲突作出规定。该法规第十四条规定,证券公司、证券投资咨询机构应当严格执行发布证券研究报告与其他证券业务之间的隔离墙制度,防止存在利益冲突的部门及人员利用发布证券研究报告谋取不当利益。

7. 对证券公司、证券投资咨询机构从事证券投资顾问业务实行自律管理,并依据有关法律、行政法规和相关规定,制定相关执业规范和行为准则的是(　　　)。

A. 中国证券业协会　　　　　　　　　B. 中国证监会

C. 证监会派出机构　　　　　　　　　D. 银监会

【答案】A

【解析】根据《证券投资顾问业务暂行规定》第六条,中国证券业协会对证券公司、证券投资咨询机构从事证券投资顾问业务实行自律管理,并依据有关法律、行政法规和《证券投资顾问业务暂行规定》,制定相关执业规范和行为准则。

8. 根据《证券投资顾问业务暂行规定》,证券公司、证券投资咨询机构及其人员应当遵循(　　　)原则,勤勉、审慎地为客户提供证券投资顾问服务。

A. 公平　　　　　　　　　　　　　　B. 诚实信用

C. 公正　　　　　　　　　　　　　　D. 谨慎

【答案】B

【解析】根据《证券投资顾问业务暂行规定》第四条,证券公司、证券投资咨询机构及其人员应当遵循诚实信用原则,勤勉、审慎地为客户提供证券投资顾问服务。

9. 证券投资顾问业务档案的保存期限自协议终止之日起不得少于(　　　)年。

A. 2　　　　　　　　　　　　　　　　B. 3

C. 5　　　　　　　　　　　　　　　　D. 10

【答案】C

【解析】根据《证券投资顾问业务暂行规定》第二十八条,证券公司、证券投资咨询机构向客户提供投资建议的时间、内容、方式和依据等信息,应当以书面或者电子文件形式予以

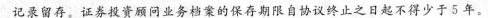

记录留存。证券投资顾问业务档案的保存期限自协议终止之日起不得少于5年。

二、组合型选择题（以下备选项中只有一项最符合题目要求）

1. 下列关于对提供证券投资顾问服务的人员的要求,正确的有（　　）。

Ⅰ.证券投资顾问可以同时注册为证券分析师

Ⅱ.应当具有证券投资咨询执业资格

Ⅲ.须在中国证券业协会注册登记为证券投资顾问

Ⅳ.证券投资顾问不能同时注册为证券分析师

A.Ⅱ、Ⅳ
B.Ⅲ、Ⅳ
C.Ⅰ、Ⅱ、Ⅲ
D.Ⅱ、Ⅲ、Ⅳ

【答案】D

【解析】根据《证券投资顾问业务暂行规定》第七条,向客户提供证券投资顾问服务的人员,应当具有证券投资咨询执业资格,并在中国证券业协会注册登记为证券投资顾问。证券投资顾问不得同时注册为证券分析师。

2. 下列关于证券公司、证券投资咨询机构的说法,正确的有（　　）。

Ⅰ.证券公司、证券投资咨询机构接受客户委托,可以辅助客户作出投资决策

Ⅱ.从我国证券公司的实践看,证券公司探索证券投资顾问服务,主要依托经纪业务,多采取差别佣金方式收取服务报酬

Ⅲ.证券投资咨询机构及其从业人员从事证券服务业务,不得代理委托人从事证券投资

Ⅳ.目前证券投资咨询机构从事定向资产管理业务不存在实质法律障碍

A.Ⅰ、Ⅲ、Ⅳ
B.Ⅰ、Ⅱ、Ⅳ
C.Ⅰ、Ⅱ、Ⅲ
D.Ⅱ、Ⅲ、Ⅳ

【答案】C

【解析】根据《证券法》第一百七十一条,投资咨询机构及其从业人员从事证券服务业务,不得代理委托人从事证券投资。因此,目前证券投资咨询机构从事定向资产管理业务存在实质法律障碍。

3. 按照《证券投资顾问业务暂行规定》的要求,证券投资顾问应当了解客户情况,在评估客户（　　）的基础上,向客户提供适当的投资建议服务。

Ⅰ.投资偏好

Ⅱ.风险承受能力

Ⅲ.服务需求

Ⅳ.资产状况

A.Ⅰ、Ⅱ
B.Ⅱ、Ⅲ
C.Ⅰ、Ⅲ
D.Ⅲ、Ⅳ

【答案】B

【解析】根据《证券投资顾问业务暂行规定》第十五条,证券投资顾问应当根据了解的客户情况,在评估客户风险承受能力和服务需求的基础上,向客户提供适当的投资建议服务。

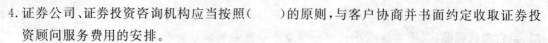

4. 证券公司、证券投资咨询机构应当按照（　　　　）的原则，与客户协商并书面约定收取证券投资顾问服务费用的安排。

Ⅰ. 公平

Ⅱ. 公正

Ⅲ. 合理

Ⅳ. 自愿

A. Ⅰ、Ⅱ、Ⅲ　　　　　　　　　　　B. Ⅰ、Ⅱ、Ⅳ

C. Ⅰ、Ⅲ、Ⅳ　　　　　　　　　　　D. Ⅱ、Ⅲ、Ⅳ

【答案】C

【解析】根据《证券投资顾问业务暂行规定》第二十三条，证券公司、证券投资咨询机构应当按照公平、合理、自愿的原则，与客户协商并书面约定收取证券投资顾问服务费用的安排，可以按照服务期限、客户资产规模收取服务费用，也可以采用差别佣金等其他方式收取服务费用。

5. 证券公司、证券投资咨询机构从事证券投资顾问业务，应当保证证券投资顾问（　　　　）与服务方式、业务规模相适应。

Ⅰ. 人员数量

Ⅱ. 业务能力

Ⅲ. 合规管理

Ⅳ. 风险控制

A. Ⅰ、Ⅱ、Ⅳ　　　　　　　　　　　B. Ⅱ、Ⅲ、Ⅳ

C. Ⅰ、Ⅱ、Ⅲ　　　　　　　　　　　D. Ⅰ、Ⅱ、Ⅲ、Ⅳ

【答案】D

【解析】根据《证券投资顾问业务暂行规定》第十条，证券公司、证券投资咨询机构从事证券投资顾问业务，应当保证证券投资顾问人员数量、业务能力、合规管理和风险控制与服务方式、业务规模相适应。

6. 证券公司、证券投资咨询机构向客户提供证券投资顾问服务，应当按照公司制定的程序和要求，了解客户的（　　　　）。

Ⅰ. 身份

Ⅱ. 财产与收入状况

Ⅲ. 投资需求与风险偏好

Ⅳ. 风险承受能力

A. Ⅰ、Ⅱ　　　　　　　　　　　　　B. Ⅱ、Ⅲ、Ⅳ

C. Ⅰ、Ⅱ、Ⅲ　　　　　　　　　　　D. Ⅰ、Ⅱ、Ⅲ、Ⅳ

【答案】C

【解析】根据《证券投资顾问业务暂行规定》第十一条，证券公司、证券投资咨询机构向客户提供证券投资顾问服务，应当按照公司制定的程序和要求，了解客户的身份、财产与收入状况、证券投资经验、投资需求与风险偏好,评估客户的风险承受能力,并以书面或者电子文件形式予以记载、保存。

7. 证券公司可以按照下列( )方式收取服务费用。

Ⅰ. 服务期限

Ⅱ. 客户资产规模

Ⅲ. 投资业绩

Ⅳ. 差别佣金

A. Ⅰ、Ⅱ、Ⅲ　　　　　　　　B. Ⅰ、Ⅱ、Ⅳ

C. Ⅱ、Ⅲ、Ⅳ　　　　　　　　D. Ⅰ、Ⅲ、Ⅳ

【答案】B

【解析】根据《证券投资顾问业务暂行规定》第二十三条,证券公司、证券投资咨询机构应当按照公平、合理、自愿的原则,与客户协商并书面约定收取证券投资顾问服务费用的安排,可以按照服务期限、客户资产规模收取服务费用,也可以采用差别佣金等其他方式收取服务费用。

8. 证券公司、证券投资咨询机构通过( )等公众媒体对证券投资顾问业务进行广告宣传,应当遵守《广告法》和证券信息传播的有关规定。

Ⅰ. 广播

Ⅱ. 电视

Ⅲ. 网络

Ⅳ. 报刊

A. Ⅰ、Ⅱ、Ⅲ、Ⅳ　　　　　　B. Ⅰ、Ⅱ、Ⅳ

C. Ⅱ、Ⅲ　　　　　　　　　　D. Ⅰ、Ⅲ、Ⅳ

【答案】A

【解析】根据《证券投资顾问业务暂行规定》第二十五条,证券公司、证券投资咨询机构通过广播、电视、网络、报刊等公众媒体对证券投资顾问业务进行广告宣传,应当遵守《中华人民共和国广告法》和证券信息传播的有关规定,广告宣传内容不得存在虚假、不实、误导性信息以及其他违法违规情形。

9. 证券公司、证券投资咨询机构提供证券投资顾问服务,应当与客户签订证券投资顾问服务协议,协议内容应包括( )。

Ⅰ. 当事人的权利义务

Ⅱ. 服务的内容和方式

Ⅲ. 收费标准和支付方式

Ⅳ. 纠纷解决方式

Ⅴ. 解除协议的方式

A. Ⅰ、Ⅱ、Ⅲ　　　　　　　　B. Ⅱ、Ⅲ、Ⅳ

C. Ⅱ、Ⅲ、Ⅳ、Ⅴ　　　　　　D. Ⅰ、Ⅱ、Ⅲ、Ⅳ、Ⅴ

【答案】D

【解析】证券公司、证券投资咨询机构提供证券投资顾问服务,应当与客户签订证券投资顾问服务协议,并对协议实行编号管理。协议应当包括下列内容:①当事人的权利义务;②证券投资顾问服务的内容和方式;③证券投资顾问的职责和禁止行为;④收费标准和支付方式;⑤争议或者纠纷解决方式;⑥终止或者解除协议的条件和方式。

10.证券公司、证券投资咨询机构通过举办( )等形式,进行证券投资顾问业务推广和客户招揽的,应当提前5个工作日向举办地证监局报备。

Ⅰ.讲座

Ⅱ.报告会

Ⅲ.分析会

Ⅳ.网上推介会

A.Ⅰ、Ⅱ、Ⅲ   B.Ⅰ、Ⅱ、Ⅳ

C.Ⅱ、Ⅲ、Ⅳ   D.Ⅰ、Ⅲ、Ⅳ

【答案】A

【解析】根据《证券投资顾问业务暂行规定》第二十六条,证券公司、证券投资咨询机构通过举办讲座、报告会、分析会等形式,进行证券投资顾问业务推广和客户招揽的,应当提前5个工作日向举办地证监局报备。

第二部分
专业基础

第二章　基本理论

考情分析

本章主要介绍了生命周期理论、货币的时间价值、资本资产定价理论、证券投资理论、有效市场假说等基本理论。其中生命周期理论主要介绍了生命周期各阶段的特征、需求和目标、理财重点及理财规划；货币的时间价值主要介绍了货币时间价值，现值、终值、有效年利率、年金的计算；资本资产定价理论内容包括资本资产定价模型、资本市场线、证券市场线、套利定价理论和模型；证券投资理论介绍了证券组合、资产配置；有效市场假说内容主要有预期效用理论、前景理论、个体心理与行为偏差、金融泡沫、行为资产定价理论、有效市场假说概念、假设条件及其应用。

备考方法

本章记忆性的内容比较多，难度较大，有的知识点看似简单，实际涉及的小考点多，考生必须牢记考点，才能在短时间内选出正确答案，在近 3 次考试中，本章所占的分值约为 20 分。在复习过程中，考生应区分理解生命周期各阶段的特征、需求和目标、理财重点以及理财规划，单、复利，现值与终值，资本市场线与证券市场线，掌握资产定价的假设条件、资本资产定价模型和因素模型，理解有效市场假说，对于证券组合、套利定价模型、预期效用理论、行为偏差原理、行为资产定价等内容，要求考生熟练掌握。

基本理论
- 生命周期理论
  - 投资者偏好特征
  - 生命周期各阶段特征及理财规划
- 货币的时间价值
  - 概念、影响因素
  - 时间价值与利率的基本参数
  - 现值和终值
  - 复利期间和有效年利率
  - 年金
- 资本资产定价理论
  - 资本资产定价模型的假设条件
  - 资本市场线和证券市场线
  - 证券系数β
  - 资本资产定价模型
  - 套利定价理论、套利组合
  - 套利定价方程、模型
- 证券投资理论
  - 证券组合
  - 证券组合可行域和有效边界
  - 有效证券组合、最优证券组合
  - 战略性、战术性和动态资产配置
- 有效市场假说
  - 预期效用理论
  - 认知偏差、过度自信和心理账户
  - 时间偏好和损失厌恶效应
  - 前景理论
  - 个体心理与行为偏差
  - 群体行为与金融泡沫
  - 金融市场泡沫
  - 行为资产定价理论、有效市场假说
  - 强式有效、弱式有效、半强式有效市场

第一节　生命周期理论

一、投资者偏好特征

按投资者偏好不同可将投资者分为六种类型,具体特征如表 2-1 所示。

表 2-1　投资者偏好特征

投资者类型	偏好特征
保守型投资者	本金安全第一,追求收益稳定,厌恶风险
中庸保守型投资者	稳定第一,追求投资安全和增值,承受风险能力有限
中庸型投资者	渴望收益较高且长期、稳步增长,风险低于市场的整体风险
中庸进取型投资者	追求投资的长期增值,甘于冒风险但会准备后备计划
进取型投资者	高度追求资金的增值,不惜冒失败的风险

二、生命周期各阶段的特征、需求和目标

生命周期可分为个人生命周期和家庭生命周期,这里主要介绍家庭生命周期,如表 2-2 所示。

表 2-2　家庭生命周期阶段特征、财务状况及理财需求和目标

	形成期	成长期	成熟期	衰老期
特征	结婚到子女婴儿期	子女幼儿期到子女经济独立	子女经济独立到夫妻双方退休	夫妻双方退休到一方过世
收支	①收入以薪水为主;②支出随子女诞生后而增加	①收入以薪水为主;②支出趋于稳定,子女教育费用负担重	①收入以薪水为主;②支出随子女经济独立而减少	①以理财收入及转移性收入为主;②医疗费用支出增加,其他费用支出减少
储蓄	收入稳定而支出增加,储蓄低水平增长	收入增加而支出稳定,储蓄稳步增加	收入处于巅峰阶段,支出相对较低,储蓄增长的最佳时期	支出大于收入,储蓄逐步减少

续表

	形成期	成长期	成熟期	衰老期
资产	积累资产有限,追求高风险高收益投资	积累资产逐年增加,注重投资风险管理	资产达到巅峰,降低投资风险	变现投资资产支付支出费用,投资以固定收益类为主
负债	承担房贷负担	承担房贷负担	房贷余额逐年减少,退休前结清所有大额负债	无大额、长期负债
理财目标	保持流动性的同时配置高收益类金融资产,例如股票基金、货币基金、流动性高的银行理财产品等	保持资产流动性,适当增加固定收益类资产,如债券基金、浮动收益类理财产品	以资产安全为重点,保持资产收益回报稳定,增加固定收益类资产的比重,减少高风险资产的持有	进一步提升资产安全性,将80%以上资产投资于储蓄及固定收益类理财产品,并购买长期护理类保险

三、生命周期各阶段的理财规划及理财重点

生命周期各阶段有不同的理财规划及理财重点,如表 2-3 所示。

表 2-3 生命周期各阶段的理财规划及理财重点

期间	探索期	建立期	稳定期	维持期	高原期	退休期
对应年龄	15~24 岁	25~34 岁	35~44 岁	45~54 岁	55~60 岁	60 岁以后
家庭形态	以父母家庭为生活重心	择偶结婚、有学前子女	子女上小学、中学	子女进入高等教育阶段	子女独立	以夫妻两人为主
理财活动	求学深造、提高收入	银行贷款、购房	偿还房贷、筹教育金	收入增加、筹备退休金	负担减轻、准备退休	享受生活规划、遗产
投资工具	活期、定期存款、基金定投	活期存款、股票、基金定投	自用房产投资、股票、基金	多元投资组合	降低投资组合风险	固定收益投资为主
保险计划	意外险、寿险	寿险、储蓄险	养老险、定期寿险	养老险、投资型保险	长期看护险、退休年金	领退休年金至终老

第二节　货币的时间价值

一、货币时间价值概念及影响因素

表 2-4　货币时间价值概念及影响因素

<table>
<tr><td colspan="2"></td><td>内容</td></tr>
<tr><td colspan="2">概念</td><td>指货币在无风险的条件下，经历一定时间的投资和再投资而发生的增值，也被称为资金时间价值</td></tr>
<tr><td rowspan="3">影响因素</td><td>时间</td><td>时间越长，货币时间价值越大</td></tr>
<tr><td>收益率或通货膨胀率</td><td>收益率是决定货币在未来增值程度的关键因素，而通货膨胀率则是使货币购买力缩水的反向因素</td></tr>
<tr><td>单利与复利</td><td>复利会产生利上加利、息上添息的收益倍增效应</td></tr>
</table>

二、时间价值与利率的基本参数

表 2-5　时间价值与利率的基本参数

基本参数	内容
现值（PV）	即货币现在的价值，一般是指期初价值
终值（FV）	即货币在未来某个时间点上的价值，一般指期末价值
时间（t）	是货币价值的参照系数
利率（或通货膨胀率）（r）	是影响金钱时间价值程度的波动要素

三、现值和终值的计算

表 2-6　现值和终值的计算公式

	现值	终值
单期	$PV=FV/(1+r)$	$FV=PV\times(1+r)$
多期	$PV=FV/(1+r)^t$	$FV=PV\times(1+r)^t$

四、复利期间和有效年利率的计算

（一）复利期间数量

复利期间数量是指一年内计算复利的次数。

（二）有效年利率

不同复利期间投资的年化收益率称为有效年利率（EAR）。

名义年利率 r 与有效年利率 EAR 之间的换算即为：

$$EAR=\left(1+\frac{r}{m}\right)^{m}-1$$

其中，r 是指名义年利率，EAR 是指有效年利率，m 指一年内复利次数。

（三）连续复利

当复利期间变得无限小的时候，称为连续复利，此时：

$$FV=PV\times e^{rt}$$

其中，PV 为现值，r 为年利率，t 为按年计算的投资期间，e 为自然对数的底数，约等于 2.7182。

五、年金的计算

年金（普通年金）是指在一定期限内，时间间隔相同、不间断、金额相等、方向相同的一系列现金流。年金通常用 PMT 表示。常见年金的计算公式如表 2-7 所示。

表 2-7 常见年金的计算公式

	现值	终值
期末年金	$PV=\dfrac{C}{r}\left[1-\dfrac{1}{(1+r)^{t}}\right]$	$FV=\dfrac{C\left[(1+r)^{t}-1\right]}{r}$
期初年金	$PV_{BEG}=\dfrac{C}{r}\left[1-\left(\dfrac{1}{1+r}\right)^{t}\right](1+r)$	$FV_{BEG}=\dfrac{C}{r}\left[(1+r)^{t}-1\right](1+r)$
永续年金	$PV=\dfrac{C}{r}$	——
普通增长型年金	$r\neq g, PV=\dfrac{C}{r-g}\left[1-\left(\dfrac{1+g}{1+r}\right)^{t}\right]$; $r=g, PV=\dfrac{tC}{1+r}$	$r\neq g, FV=\dfrac{C(1+r)^{t}}{r-g}\left[1-\left(\dfrac{1+g}{1+r}\right)^{t}\right]$ $r=g, FV=tC(1+r)^{t-1}$
增长型永续年金	$PV=\dfrac{C}{r-g}$	——

其中，C 表示第一年现金流，r 表示利率，g 表示增长率。

第三节　资本资产定价理论

一、资本资产定价模型的假设条件

(1)投资者都依据期望收益率评价证券组合的收益水平,依据方差(或标准差)评价证券组合的风险水平,并按照投资者共同偏好规则选择最优证券组合。

(2)投资者对证券的收益、风险及证券间的关联性具有完全相同的预期。

(3)资本市场没有摩擦。该假设意味着:在分析问题的过程中,不考虑交易成本和对红利、股息及资本利得的征税,信息在市场中自由流动,任何证券的交易单位都是无限可分的,市场只有一个无风险借贷利率,在借贷和卖空上没有限制。

上述假设中,(1)和(2)是对投资者的规范,(3)是对现实市场的简化。

二、资本市场线和证券市场线的定义、图形及其经济意义

(一)资本市场线

1.定义及图形

资本市场线是在均值标准差平面上,所有有效组合刚好构成连接无风险资产 F 与市场组合 M 的射线 FM。具体如图 2-1 所示。

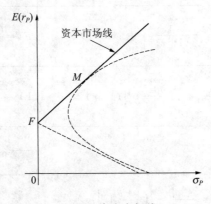

图 2-1　资本市场线

资本市场线揭示了有效组合的收益和风险之间的均衡关系,其方程为:

$$E(r_P) = r_F + \left[\frac{E(r_M) - r_F}{\sigma_M} \right] \sigma_P$$

式中,$E(r_P)$ 代表有效组合 P 的期望收益率;σ_P 代表有效组合 P 的标准差;$E(r_M)$ 代表市场组合 M 的期望收益率;σ_M 代表市场组合 M 的标准差;r_F 代表无风险证券收益率。

2.经济意义

资本市场线方程完整阐述了有效组合的期望收益率和风险之间的关系。有效组合的期

望收益率由两部分构成：

(1)无风险利率 r_F，由时间创造，是对放弃即期消费的补偿；

(2)风险溢价 $\left[\dfrac{E(r_M)-r_F}{\sigma_M}\right]\sigma_P$，是对承担风险 σ_P 的补偿，与承担的风险的大小成正比。

其中的系数 $\left[\dfrac{E(r_M)-r_F}{\sigma_M}\right]$ 代表了对单位风险的补偿，称为风险的价格。

(二)证券市场线

1.定义及图形

证券市场线是以 β_P 为横坐标、$E(r_P)$ 为纵坐标，衡量由 β 系数测定的系统风险与期望收益间线性关系的直线。如图 2-2 所示。

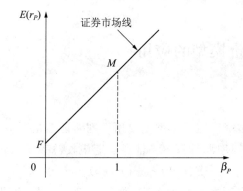

图 2-2 证券市场线

证券市场线用方程表示为：

$$E(r_P)=r_F+[E(r_M)-r_F]\beta_P$$

2.经济意义

证券市场线表示任意证券或组合的期望收益率由以下两部分构成：

(1)无风险利率 r_F，由时间创造，是对放弃即期消费的补偿；

(2)风险溢价 $E(r_P)=r_F+[E(r_M)-r_F]\beta_P$，是对承担风险的补偿，它与承担的风险 β_P 的大小成正比。其中的系数 $[E(r_M)-r_F]\beta_P$ 代表了对单位风险的补偿，称为风险的价格。

三、证券系数 β 的涵义和应用

(一)涵义

(1)β 系数反映证券或证券组合方差的贡献率，$\beta_r(\sigma_{iM}/\sigma_{M^2})$ 可以作为单一证券(组合)的风险测定。

(2)β 系数反映了证券或组合的收益水平对市场平均收益水平变化的敏感性。

(3)β 系数是衡量证券承担系风险水平的指数。

$|\beta|>1$，证券的波动幅度大于市场组合，为"激进型"；$|\beta|=1$，证券的波动幅度与市场组合相当，为"平均风险"；$|\beta|<1$，证券的波动幅度小于市场组合，为"防卫型"。

（二）应 用

1. 证券的选择

（1）牛市时，在估值优势相差不大的情况下，投资者会选择 β 系数较大的股票，以期获得较高的收益。

（2）熊市时，投资者会选择 β 系数较小的股票，以减少股票下跌的损失。

2. 风险控制

风险控制部门或投资者通常会控制 β 系数过高的证券投资比例。另外，针对衍生证券的对冲交易，通常会利用 β 系数控制对冲的衍生证券头寸。

3. 投资组合绩效评价

四、资本资产定价模型的应用

（一）资产估值

在资产估值方面，资本资产定价模型主要用于判断证券是否被市场错误定价。

（1）根据资本资产定价模型，计算每一证券的期望收益率

$$E(r_i)=r_F+[E(r_M)-r_F]\beta_i$$

（2）市场对证券在未来所产生的收入流（股息加期末价格）预期值与证券 i 的期初市场价格及其预期收益率 $E(r_i)$ 之间有如下关系：

$$E(r_i)=\frac{E(股息+期末价格)}{期初市价}-1$$

（3）在均衡状态下，上述两个 $E(r_i)$ 应有相同的值。因此，均衡期初价格应定为：

$$均衡的期初价格=\frac{E(股息+期末价格)}{1+E(r_i)}$$

当实际价格低于均衡价格时，说明该证券是廉价证券，此时应购买该证券；相反，则应卖出该证券，而将资金转向购买其他廉价证券。

（二）资源配置

（1）牛市时，应选择高 β 系数的证券或组合，成倍放大市场收益率，带来较高的收益。

（2）熊市时，应选择低 β 系数的证券或组合，以减少因市场下跌而造成的损失。

五、套利定价理论的原理

（一）假设条件

（1）投资者是追求收益的，同时也是厌恶风险的。

（2）所有证券的收益都受到一个共同因素 F 的影响，并且证券的收益率具有如下构成形式：

$$r_i = a_i + b_i F_1 + \varepsilon_i$$

式中：r_i 为证券 i 的实际收益率；a_i 为因素指标 F_1 为 0 时证券 i 的收益率；b_i 为因素指标 F_1 的系数，反映证券 i 的收益率 r_i 对因素指标 F_1 变动的敏感性，也称灵敏度系数；F_1 为影响证券的那个共同因素 F 的指标值；ε_i 为证券 i 收益率 r_i 的残差项。

（3）投资者能够发现市场上是否存在套利机会，并利用该机会进行套利。

（二）套利定价模型

套利定价模型表明，市场均衡状态下，证券或组合的期望收益率完全由它所承担的因素风险所决定；承担相同因素风险的证券或证券组合都应该具有相同期望收益率。

（1）单因素影响下的套利定价模型：

$$E r_i = \lambda_0 + b_i \lambda_1$$

（2）多因素影响下的套利定价模型：

$$E r_i = \lambda_0 + b_{i1} \lambda_1 + b_{i2} \lambda_2 + \cdots + b_{iN} \lambda_N$$

式中，$E r_i$ 为证券 i 的期望收益率；λ_0 为与证券和因素 F 无关的常数；b_{ik} 为证券 i 对第 k 个影响因素的灵敏度系数；λ_k 为对证券 F 具有单位敏感性的因素风险溢价。

六、套利组合

套利组合，是指满足下述三个条件的证券组合：

（1）该组合中各种证券的权数满足 $w_1 + w_2 + \cdots + w_N = 0$。

（2）该组合因素灵敏度系数为零，且即 $w_1 b_1 + w_2 b_2 + \cdots + w_N b_N = 0$。其中，$b_i$ 表示证券 i 的因素灵敏度系数。

（3）该组合具有正的期望收益率，即：$w_1 E r_1 + w_2 E r_2 + \cdots w_N E r_N > 0$。其中，$E r_i$ 表示证券 i 的期望收益率。

七、套利定价模型的应用

（1）运用统计分析模型对证券的历史数据进行分析，以分离统计上显著影响证券收益的主要因素。

（2）确定影响证券收益的因素，回归证券历史数据以获得灵敏度系数，再运用公式 $E r_i = \lambda_0 + b_{i1} \lambda_1 + b_{i2} \lambda_2 + \cdots + b_{iN} \lambda_N$ 预测证券的收益。

第四节　证券投资理论

一、证券组合的含义和分类

（一）证券组合的含义

证券组合是指个人或机构投资者所持有的各种有价证券的总称，通常包括各种类型的债券、股票及存款单等。

（二）证券组合的分类

证券组合的分类如表 2-8 所示。

表 2-8　证券组合的分类

分类	特点
避税型	通常投资于市政债券，免税
收入型	追求基本收益的最大化
增长型	以资本升值为目标，投资风险较大
收入和增长混合型	在基本收入与资本增长之间寻求均衡
货币市场型	由各种货币市场工具构成
国际型	投资于海外不同国家
指数化型	模拟某种市场指数，以求获得市场平均的收益水平

二、证券组合可行域和有效边界的含义

（一）可行域

证券组合的可行域表示了所有可能的证券组合。

（二）有效边界

描述一项投资组合的风险与回报之间的关系，在以风险为横轴，预期回报率为纵轴的坐标上显示为一条曲线，所有落在这条曲线上的风险回报组合都是在一定风险或最低风险下可以获得的最大回报。

三、证券组合可行域和有效边界的一般图形

(一)证券组合的可行域

1. 两种证券组合的可行域

表 2-9 两种证券组合的可行域

组合线	图形
完全正相关下的组合线	
完全负相关下的组合线	
不相关情形下的组合线	
组合线的一般情形	

从组合线的形状来看,相关系数越小,在不卖空的情况下,证券组合的风险越小,特别是负完全相关的情况下,可获得无风险组合。在不卖空的情况下,组合降低风险的程度由证券间的关联程度决定。

2.多种证券组合的可行域

当由多种证券(不少于三种证券)构造证券组合时,组合可行域是所有合法证券组合构成的 $E-\sigma$ 坐标系中的一个区域,其形状如图 2-3 和图 2-4 所示。

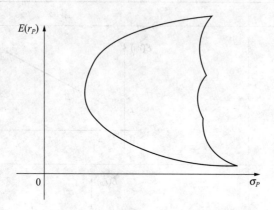

图 2-3　不允许卖空时组合的可行域

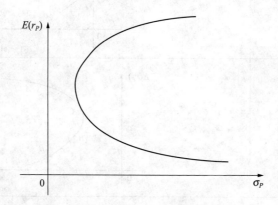

图 2-4　允许卖空时组合的可行域

可行域满足一个共同的特点:左边界必然向外凸或呈线性,也就是说不会出现凹陷。

(二)证券组合的有效边界

相同的收益率方差中期望收益率高的组合或相同期望收益率中方差较小的组合构成的边界。如图 2-5 所示,A 点是一个特殊的位置,它是上边界和下边界的交汇点,这一点所代表的组合在所有可行组合中方差最小,因而被称为最小方差组合。

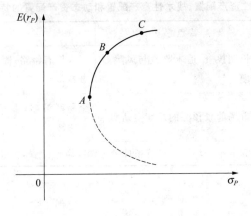

图 2-5 有效边界

四、有效证券组合的含义和特征

(一)含义

按照投资者的共同偏好规则,排除投资组合中那些被所有投资者都认为差的组合,把排除后余下的这些组合称为有效证券组合。

(二)特征

(1)在期望收益率水平相同的组合中,其方差(从而标准差)是最小的;

(2)在方差(从而给定了标准差)水平相同的组合中,其期望收益率是最高的。

五、最优证券组合的含义和选择原理

(一)含义

最优证券组合是使投资者最满意的有效组合,它是无差异曲线簇与有效边界的切点所表示的组合。

(二)选择原理

投资者需要在有效边界(根据共同偏好规则确定)上找到一个具有下述特征的有效组合:相对于其他有效组合,该组合所在的无差异曲线位置最高(投资者满意程度最高)。即无差异曲线簇(表示投资者的偏好)与有效边界的切点所表示的组合。

六、战略性资产配置、战术性资产配置和动态资产配置

战略性资产配置、战术性资产配置和动态资产配置的特点和对应的投资策略如表 2-10 所示。

表 2-10 战略性资产配置、战术性资产配置和动态资产配置的特点和投资策略

	特点	投资策略
战略性资产配置	着眼长期投资,追求收益与风险最佳匹配	买入持有策略;固定比例策略;投资组合保险策略
战术性资产配置	基于市场前景预测的短期主动型	交易型策略;多—空组合策略;事件驱动型策略
动态资产配置	根据资本市场环境及经济条件动态调整资产配置,积极增加投资组合价值	

第五节 有效市场假说

一、预期效用理论

(一)定义

预期效用理论又称期望效用函数理论,是在公理化假设的基础上,运用逻辑和数学工具,建立不确定条件下对理性人选择进行分析的框架。

(二)期望效用函数

如果某个随机变量 X 以概率 P_i 取值 $x_i(i=1,2,\cdots,n)$,并且某人在取得 x_i 时的效用为 $u(x_i)$,那么,该随机变量给其的效用可以用下面的公式表示为:

$$U(X)=E[u(X)]=P_1u(x_1)+P_2u(x_2)+\cdots+P_nu(x_n)$$

其中,$E[u(X)]$ 表示对于随机变量 X 的期望效用。

(三)缺陷

(1)理性人假设;

(2)预期效用理论在一系列选择实验中受到了一些"悖论"的挑战。

二、判断与决策中的认知偏差

投资者在判断与决策中出现认知偏差的原因主要有:

(1)人性存在自私、趋利避害等弱点;

(2)投资者的认知中存在有限的短时记忆容量,不能全面了解信息等生理能力方面的限制;

(3)投资者的认知中存在信息获取、加工、输出、反馈等阶段的行为、心理偏差的影响。

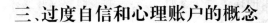

三、过度自信和心理账户的概念

(一)过度自信

过度自信是指人们过于相信自己的判断能力,高估成功的概率,把成功归功于自己的能力,而低估运气、机遇和外部力量在其中的作用的认知偏差。

(二)心理账户

心理账户是指人们在心里无意识地把财富划归不同的账户进行管理,运用不同的记账方式和心理运算规则。其存在使投资者在做决策时往往违背一些简单的经济运行法则,做出许多非理性的投资或消费行为。通常分为:(1)最小账户;(2)局部账户;(3)综合账户。

四、时间偏好和损失厌恶效应

(一)时间偏好

时间偏好是指人们在现在消费与未来消费之间的偏好,就是人们对现在的满意程度与对将来的满意程度的比值。人们越不喜欢现在,时间偏好就越低。社会中所有人的时间偏好叫作纯利率。

(二)损失厌恶

损失厌恶是指人们在面对收益和损失的决策时表现出不对称性。人们面对同样数量的收益和损失时,损失会使他们产生更大的情绪波动。期望理论认为,损失厌恶反映了人们的风险偏好并不是一致的,面对收益,人们表现为风险厌恶;面对损失,人们则表现为风险寻求。

五、前景理论

(一)定义

前景理论是指在实际生活中,人们的选择行为往往受到个人偏好、社会规范、观念习惯的影响,因而决策不一定能够实现期望收益最大化。前景理论实质上是关于不确定条件下人们的决策行为的理论,是行为金融学的重要内容。

(二)内容

(1)确定性效应,指人们决策时往往对被认为是确定性的结果给予较大权重的倾向;
(2)反射效应,指人们面临损失时,所表现出的对不确定性损失的偏好;
(3)孤立效应,指投资者想等到信息发布后再进行决策的倾向;

(4)框定效应,指决策时如果改变对结果的描述改变参照点,会影响人们的偏好选择。

(三)价值函数

价值函数在前景理论用来表示效用。价值函数的数学形式可以表达为:

$$V = \sum_{i=1}^{n} \pi(p_i) v(x_i)$$

式中:$v(x)$是决策者主观感受所形成的价值,即偏好情况体现为围绕参照点的价值变化而不是价值的绝对值;$\pi(P)$是决策权重,它是一种概率评价性的单调增加函数。

价值函数的特征:

(1)价值的载体是财富或福利的改变而不是它们的最终状态,并以对参照点的偏离程度为标准,朝两个方向(分别是收益和损失)偏离呈反射形状,即"反射效应"。

(2)价值函数在参照点之上(收益区域)是凹的,表现为风险规避,即在确定性收益与非确定性收益中偏好前者;在参照点下(损失区域)是凸的,表现为风险喜好,即在确定性损失与非确定性损失中偏好后者,且对收益和损失的敏感性都是递减的。

(3)价值函数对财富变化的态度是损失的影响要大于收益,即收益变化的斜率小于损失变化的斜率。

(四)权重函数

决策权重$\pi(p)$是客观概率P的一个非线性函数,是概率P的权重与确定性事件的权重的比率。图 2-6 表示相对于概率P的决策权重函数$\pi(P)$,图中的虚线表示从 0 到 1 的客观概率P,曲线ABC表示决策权重函数$\pi(P)$。

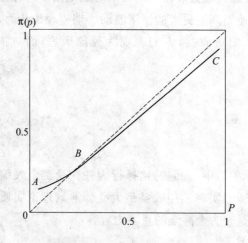

图 2-6 前景理论中假定的决策权重函数

权重函数特点如下:

(1)权重函数 $\pi(P)$ 是概率 P 的单调递增函数;

(2)小概率事件的高估及次可加性;

(3)次确定性,即各互补概率事件的决策权重之和小于确定性事件的决策权重,即 $\pi(P)+\pi(1-P)<1$；

(4)次比例性,当概率比一定时,大概率对应的决策权数比率小于小概率对应的决策权数比率,即对于任意的 $0<p,q,r\leqslant1$,存在 $\pi(pq)/\pi(P)<\pi(pqr)/\pi(pr)$；

(5)极低和极高概率事件的权重主要取决于投资者的主观感觉。

六、金融市场中的个体心理与行为偏差的概念

表 2-11　金融市场中的个体心理与行为偏差的概念

概念	内容
处置效应	指投资人在处置股票时,倾向卖出赚钱的股票、继续持有赔钱的股票,即"出赢保亏"效应,表现为投资者盈利时,倾向于风险回避而做出获利了结的行为;当投资者出现亏损时,倾向于风险寻求而继续持有股票
过度交易行为	行为金融学认为,过度交易现象的表现为:即便忽视交易成本,在这些交易中投资者的收益也降低了
有限注意力驱动的交易	有限注意力使得人对一事物的注意必须牺牲以另一事物的注意为代价。有限注意力的投资者对显著性的事件表现出过度反应,投资决策倾向于受到注意力等驱动交易。同时,有限注意力会造成股票收益率的联动与盈余公号后的漂移
羊群效应	金融市场中的"羊群行为"是指投资者在信息环境不确定的情况下,行为受到其他投资者的影响,模仿他人决策,或者过度依赖于舆论,而不考虑信息的行为
本土偏差	本土偏差即投资者将他们的大部分资金投资于国内股票,投资于距离近的公司,投资于就职的公司,而不是投资于与本地股相关度低,能够降低系统性风险的外地股、外国股票。行为金融用信息幻觉,熟悉性偏好与控制力幻觉来解释这一现象
恶性增资	面对进退两难困境,决策者往往会倾向于继续投入资源,提升原方案的承诺,而且表现出越来越强的"自我坚持"的行为倾向,从而导致更深的陷入。对沉没成本的眷顾导致经理人在投资决策失误时产生"承诺升级"或称"恶性增资",即当向一个项目投入大量资源(如资金和时间)后发现完成该项目取得收益的可能性很小,在明确而客观的信息表明应放弃该项目的情况下,管理者仍然继续投入额外资源。行为金融用"损失厌恶""过度自信""证实偏差"来解释

七、金融市场中的群体行为与金融泡沫

(一)金融泡沫

金融泡沫是指一种或一系列的金融资产经历连续上涨后,市场价格大于实际价格的经济现象。其产生的根源是过度的投资引起资产价格的过度膨胀,导致经济的虚假繁荣。

(二)个体行为偏差与金融泡沫

(1)有限注意导致金融泡沫

投资者因为有限注意而关注于上涨的股票,由此可能形成正反馈机制,促使价格进一步上涨,又引起其他投资者的注意,导致股价严重超过基本价值,就可能导致股市泡沫的产生。

(2)信息层叠导致金融泡沫

投资者都观察他人的信息和公共信息而忽略自己的私人信息,私人信息没有贡献到公共信息中去,公共信息池中的信息难以得到更新,就可能导致股票价格严重偏离其基本价值,导致金融泡沫。

(三)机构投资行为与金融泡沫

(1)声誉效应导致金融泡沫。声誉效应的核心观点是,与一个另类但可能成功的策略相比,人们更愿意表现出羊群行为成为群体失败中的一员。

(2)"共同承担责备效应"的存在导致了羊群行为。决策者具有与别人趋同的愿望,以推卸决策错误的责任。

(四)委托代理中的风险转嫁导致金融泡沫

代理人可以享受资产价格(收益)上升带来的全部好处,但只承担有限责任,投资代理人可以通过申请破产保护等方式将超过一定限度的损失转嫁给投资委托人—资金的贷出方。内生的风险转嫁激励会使风险资产的均衡价格超过基本价值,均衡价格与基本价值的差即成为资产的价格泡沫。

(五)社会因素对金融泡沫的推动

共享信息机制的限制使得群体行为发生收敛,可能产生羊群行为,推动金融泡沫。

八、金融市场泡沫的特征和规律

(1)乐观的预期;

(2)大量盲从投资者的涌入;

（3）庞氏骗局；

当市场处于周期顶端时，人们完全处于过度乐观、过度自信和贪婪之中，人们很容易相信市场能够创造奇迹，有人利用泡沫环境中人们的过度乐观设置庞氏骗局极易取得成功，所以在市场顶部往往伴随着各种各样的庞氏骗局，这些庞氏骗局能够继续吹大泡沫。

（4）股票齐涨。

九、行为资产定价理论

行为资产定价模型（BAPM）是谢弗林和斯塔曼在 1994 年挑战资本资产定价模型的基础上提出来的。是对现代资本资产定价模型（CAPM）的扩展。BAPM 模型与 CAPM 的不同之处表现为：

（1）在 BAPM 模型中，投资者被划分为两类：

①信息交易者。信息交易者是"理性投资者"，他们通常支持现代 CAPM 模型，在避免出现认识性错误的同时具有均值方差偏好。

②噪声交易者。噪声交易者通常跳出 CAPM 模型，不仅易犯认识性错误，而且没有严格的均值方差偏好。

（2）在 BAPM 模型中，证券的预期收益是由其"行为贝塔"决定的，行为资产组合（行为贝塔组合）中成长型股票的比例要比市场组合中的高。因此，在 BAPM 中，虽然均值方差有效组合会随时间而改变，但是资本市场组合的问题仍然存在。

（3）BAPM 包括功利主义考虑（如产品成本，替代品价格）和价值表达考虑（如个人品位，特殊偏好）。

（4）BAPM 模型既有限度地接受了市场有效性观点，也秉承了行为金融学所奉行的有限理性、有限控制力和有限自利观点。

十、有效市场假说的概念及假设条件

（一）概念

证券在任一时点的价格都是对与证券相关的所有信息做出的即时、充分的反映称为有效市场假说，它将资本市场划分为弱式有效市场、半强式有效市场和强式有效市场三种形式。

（二）假设条件

1. 理性人假设；

2. 完全信息假设；

3. 投资者均为风险厌恶者假设。

十一、有效市场假说与行为金融理论的联系与区别

(一) 联系

1. 行为金融理论对有效市场假说理论基础的修正

(1) 行为金融学理论认为"理性人"假说很难成立;

(2) 行为金融理论认为随机交易假设不成立;

(3) 对于有效套利者假设很难成立。

2. 行为金融学对有效市场假说的创新

(1) 范式转换

有效市场假说的范式基础是以人的决策基于理性预期、风险回避、效用最大化以及相机抉择等为假设前提,认为市场是有效的,理性的投资者总能抓住每一个由非理性投资者创造的套利机会淘汰非理性投资者,继而用均值—方差的风险测量方法最终确立投资者的最优决策。

行为金融理论的范式认为,实际决策过程不能很好地遵从于最优决策模型。因此,不但需要讨论如何做出最优决策,而且需要建立一套能够正确反映投资者实际决策行为和市场运用状况的描述性模型来研究投资者行为。行为金融理论范式认为人的行为心理决策具有重要作用。

(2) 理论创新

行为组合理论是在现代资产组合理论的基础上发展起来的,在现实中投资者实际构建的资产组合是基于对不同资产的风险程度的认识及投资目的所形成的一种金字塔状的行为资产组合,主要包括行为组合理论与行为资产定价模型、BSV 与 DHS。BSV 和 DHS 模型主要解释了反应过度与反应不足。

(3) 方法变革

行为金融理论认为,决策者能够根据决策的性质和环境的不同选择过程或技术;决策者更趋同于满意原则而不是最佳原则等。行为金融理论总结出了投资者行为心理决策中的一些特点,如回避损失、心理会计、过度自信、控制幻觉、锚定效应、羊群效应等。行为金融理论通过对投资者行为心理决策的分析,成功解释了反应过度、反应不足、动量效应、季节效应、小公司现象等各种异常现象。

(二) 区别

(1) 有效市场假说的核心命题是投资者的理性决策。投资者的理性决策具有如下特征:

①偏好的稳定性和一致性;

②手段的一致性;

③最追求效用最大化。

(2) 行为金融理论认为投资者的决策过程并不符合理性人的假设。人在现实中的选择

经常违背新古典提出的完备性、传递性等"公理"，包括：

①缺乏完整的、统一的、能够对所有可能选择进行排序的效用函数，人们的"偏好"经常发生颠倒，只能找出所有备用选择的一部分而不是全部。

②人们对选择后果，不确定未来事件的概率也无从估计并使之保持一致性。

十二、强式有效、弱式有效、半强式有效的基本特征

（1）在弱式有效市场上，证券的价格充分反映了过去的价格和交易信息，即历史信息；

（2）在半强式有效市场上，证券的价格反映了包括历史信息在内的所有公开发表的信息，即公开可得信息；

（3）在强式有效市场上，证券的价格反映了与证券相关的所有公开的和不公开的信息。

十三、有效市场假说在证券投资中的应用

（一）高度有效的市场

所有投资者都不可能获得超额收益。此时投资策略是：与市场同步，取得和市场一致的投资收益。具体做法是：按照市场综合价格指数组织投资。

（二）弱式有效的市场

提前掌握大量消息或内部消息的投资者就可以比其他投资者更准确地识别证券的价值。此时的策略是：设法得到第一手的有效信息，确定价格被高估或者低估的证券，并作卖出或者买进的处理。

过关演练

一、选择题（以下备选项中只有一项符合题目要求）

1. 通常，可积累的财产达到巅峰，要逐步降低投资风险的时期属于家庭生命周期中的（　　）阶段。

　　A. 家庭成熟期　　　　　　　　B. 家庭成长期

　　C. 家庭衰老期　　　　　　　　D. 家庭形成期

【答案】A

【解析】家庭生命周期包括形成期、成长期、成熟期和衰老期四个阶段。其中，家庭成熟期资产达到巅峰，要逐步降低投资风险，保障退休金的安全。

2. 下列关于 β 系数说法正确的是（　　）。

　　A. β 系数的值越大，其承担的系统风险越小

　　B. β 系数是衡量证券系统风险水平的指数

C.β系数的值在0~1之间

D.β系数是证券总风险大小的度量

【答案】B

【解析】β系数衡量的是证券的系统风险,β值越大,证券的系统风险越大;β系数的绝对值在0~1之间,当证券的收益率与市场组合收益率负相关时,β系数为负数。

3.对任何内幕消息的价值都持否定态度的是(   )。

    A.弱式有效市场假设   B.半强式有效市场假设

    C.强式有效市场假设   D.超强式有效市场假设

【答案】C

【解析】强式有效市场假设认为,当前的股票价格反映了全部信息的影响,全部信息不但包括历史价格信息、全部公开信息,而且还包括私人信息以及未公开的内幕信息等。这是一个极端的假设,其对任何内幕信息的价值均持否定态度。

4.如果两种证券组合具有相同的收益率方差和不同的期望收益率,那么投资者选择期望收益率高的组合;如果两种证券组合具有相同的期望收益率和不同的收益率方差,那么投资者会选择方差较小的组合,这种选择原则,叫作(   )。

    A.有效组合规则   B.共同偏好规则

    C.风险厌恶规则   D.有效投资组合规则

【答案】B

【解析】大量的事实表明,投资者喜好收益而厌恶风险,因而人们在投资决策时希望收益越大越好,风险越小越好,这种态度反映在证券组合的选择上,就是在收益相同的情况下,选择风险小的组合,在风险相同的情况下,选择收益大的组合,这一规则就叫作共同偏好规则。

5.赵先生由于资金宽裕可向朋友借出200万元,甲、乙、丙、丁四个朋友计息方式各有不同,赵先生应该选择(   )。

    A.甲:年利率15%,每年计息一次

    B.乙:年利率14.7%,每季度计息一次

    C.丙:年利率14.3%,每月计息一次

    D.丁:年利率14%,连续复利

【答案】B

【解析】不同复利期间投资的年化收益率称为有效年利率(EAR)。名义年利率r与有效年利率EAR之间的换算即为:

$$EAR=\left(1+\frac{r}{m}\right)^{m}-1$$

则甲的有效年利率为15%;乙的有效年利率为$(1+14.7\%/4)^4-1=15.53\%$;丙的有效年利率为$(1+14.3\%/12)^{12}-1=15.28\%$;丁的有效年利率为$e^{0.14}-1=15.03\%$。因为是贷款收益,所以赵先生选择有效年利率最高的B项。

6. 资本资产定价理论认为,当引入无风险证券后,有效边界为( )。

A. 证券市场线　　　　　　　　　B. 资本市场线

C. 特征线　　　　　　　　　　　D. 无差异曲线

【答案】B

【解析】在均值标准差平面上,所有有效组合刚好构成连接无风险资产 F 与市场组合 M 的射线 FM,这条射线被称为资本市场线。

7. 无风险收益率为 5%,市场期望收益率为 12% 的条件下:A 证券的期望收益率为 10%,β 系数为 1.1;B 证券的期望收益率为 17%,β 系数为 1.2,那么投资者可以买进哪一个证券?

( )

A. A 证券　　　　　　　　　　　B. B 证券

C. A 证券或 B 证券　　　　　　　D. A 证券和 B 证券

【答案】B

【解析】根据 CAPM 模型,A 证券:$5\% + (12\% - 5\%) \times 1.1 = 12.7\%$,因为 $12.7\% > 10\%$,所以 A 证券价格被高估,应卖出;B 证券:$5\% + (12\% - 5\%) \times 1.2 = 13.4\%$,因为 $13.4\% < 17\%$,所以 B 证券价格被低估,应买进。

8. 某投资者拥有一个三种股票组成的投资组合,三种股票的市值均为 500 万元,投资组合的总价值为 1500 万元,假定这三种股票均符合单因素模型,其预期收益率($\overline{r_i}$)分别为 16%、20% 和 13%,其对该因素的敏感度(b_i)分别为 0.9、3.1、1.9,若投资者按照下列数据修改投资组合,可以提高预期收益率的组合是( )。

A. 0.1;0.083;−0.183　　　　　　B. 0.2;0.3;−0.5

C. 0.1;0.07;−0.07　　　　　　　D. 0.3;0.4;−0.7

【答案】A

【解析】令三种股票市值比重分别为 w_1、w_2 和 w_3。根据套利组合的条件有:

$$w_1 + w_2 + w_3 = 0$$
$$0.9w_1 + 3.1w_2 + 1.9w_3 = 0$$

上述两个方程有三个变量,故有多种解。令 $w_1 = 0.1$,则可解出 $w_2 = 0.083$,$w_3 = -0.183$。为了检验这个解能否提高预期收益率,把这个解用式 $w_1 Er_1 + w_2 Er_2 + \cdots + w_n Er_n > 0$ 检验,可得 $0.1 \times 0.16 + 0.083 \times 0.2 - 0.183 \times 0.13 = 0.881\%$,由于 0.881% 为正数,因此可以通过卖出第三种股票 274.5 万元($= -0.183 \times 1500$)同时买入第一种股票 150 万元($= 0.1 \times 1500$)和第二种股票 124.5 万元($= 0.083 \times 1500$)就能使投资组合的预期收益率提高 0.881%。BCD 三项均不满足套利组合的三个条件。

9. 根据投资组合理论,如果甲的风险承受力比乙大,那么( )。

A. 甲的无差异曲线的弯曲程度比乙的大

B. 甲的最优证券组合的风险水平比乙的低

C. 甲的最优证券组合比乙的好

D. 甲的最优证券组合的期望收益率水平比乙的高

【答案】D

【解析】无差异曲线向上弯曲的程度大小反映投资者承受风险的能力强弱,曲线越陡,投资者对风险增加要求的收益补偿越高,投资者对风险的厌恶程度越强烈;曲线越平坦,投资者的风险厌恶程度越弱。投资者的最优证券组合为无差异曲线簇与有效边界的切点所表示的组合。由于甲的风险承受能力比乙大,因此甲的无差异曲线更平坦,与有效边界的切点对应的收益率更高,风险水平更高。

10.以下关于战略性投资策略的说法,正确的有(   )。

　　A.常见的战略性投资策略包括买入持有策略、多—空组合策略和投资组合保险策略

　　B.战略性投资策略和战术性投资策略的划分是基于投资品种不同

　　C.战略性投资策略是基于对市场前景预测的短期主动型投资策略

　　D.战略性投资策略不会在短期内轻易变动

【答案】D

【解析】A项,常见的长期投资策略包括买入持有策略、固定比例策略和投资组合保险策略;B项,证券投资策略按照策略适用期限的不同,分为战略性投资策略和战术性投资策略;C项,战术性投资策略通常是一些基于对市场前景预测的短期主动型投资策略。

11.当技术分析无效时,市场至少符合(   )。

　　A.无效市场假设　　　　　　　　　B.强式有效市场假设

　　C.半强式有效市场假设　　　　　　D.弱式有效市场假设

【答案】D

【解析】弱式有效市场假设认为,当前的股票价格已经充分反映了全部历史价格信息和交易信息,如历史价格走势、成交量等,因此试图通过分析历史价格数据预测未来股价的走势,期望从过去价格数据中获益将是徒劳的。也就是说,如果市场是弱式有效的,那么投资分析中的技术分析将不再有效。

二、组合型选择题(以下备选项中只有一项最符合题目要求)

1.下列关于个人生命周期各阶段理财活动的说法,正确的有(   )。

　　Ⅰ.探索期要为将来的财务自由做好专业上与知识上的准备

　　Ⅱ.建立期应适当节约资金进行高风险的金融投资

　　Ⅲ.稳定期既要努力偿清各种中长期债务,又要为未来储备财富

　　Ⅳ.高原期的主要理财任务是妥善管理好积累的财富,积极调整投资组合

　　A.Ⅰ、Ⅱ　　　　　　　　　　　　B.Ⅰ、Ⅱ、Ⅳ

　　C.Ⅱ、Ⅳ　　　　　　　　　　　　D.Ⅰ、Ⅱ、Ⅲ、Ⅳ

【答案】B

【解析】Ⅲ项,稳定期的理财任务是尽可能多地储备资产、积累财富,未雨绸缪,可考虑定期定额基金投资等方式,利用投资的复利效应和长期投资的时间价值为未来积累财富。

2.下列各项中,属于个人生命周期阶段的有(   )。

　　Ⅰ.探索期

Ⅱ.建立期

Ⅲ.成长期

Ⅳ.维持期

A. Ⅰ、Ⅱ、Ⅲ   B. Ⅰ、Ⅱ、Ⅳ

C. Ⅱ、Ⅲ、Ⅳ   D. Ⅰ、Ⅱ、Ⅲ、Ⅳ

【答案】B

【解析】个人生命周期按年龄层可分为6个阶段,依次是探索期、建立期、稳定期、维持期、高原期和退休期。Ⅲ项属于家庭生命周期。

3.影响货币时间价值的主要因素包括( )。

Ⅰ.单利或复利

Ⅱ.通货膨胀率

Ⅲ.收益率

Ⅳ.投资风险

A. Ⅰ、Ⅱ、Ⅲ   B. Ⅰ、Ⅱ、Ⅳ

C. Ⅰ、Ⅲ、Ⅳ   D. Ⅱ、Ⅲ、Ⅳ

【答案】A

【解析】货币的时间价值是指货币在无风险的条件下,经历一定时间的投资和再投资而发生的增值,或者是货币在使用过程中由于时间因素而形成的增值,也被称为资金时间价值。影响货币时间价值的主要因素包括:①时间;②收益率或通货膨胀率;③单利与复利。

4.对于货币时间价值概念的理解,下列表述正确的有( )。

Ⅰ.货币只有经过投资和再投资才会增值,不投入生产经营过程的货币不会增值

Ⅱ.一般情况下,货币的时间价值应按复利方式来计算

Ⅲ.货币在使用过程中由于时间因素而形成的增值

Ⅳ.一般情况下,货币的时间价值应按单利方式来计算

A. Ⅰ、Ⅱ、Ⅲ   B. Ⅰ、Ⅳ

C. Ⅰ、Ⅲ、Ⅳ   D. Ⅱ、Ⅲ

【答案】A

【解析】Ⅳ项,货币时间价值一般按照复利进行计算。

5.下列关于年金的表述,正确的有( )。

Ⅰ.年金是指一定期间内每期相等金额的收付款项

Ⅱ.向租房者每月收取的固定租金属于年金形式

Ⅲ.等额本息分期偿还贷款属于年金形式

Ⅳ.退休后每月固定从社保部门领取的等额养老金属于年金形式

A. Ⅰ、Ⅱ、Ⅲ   B. Ⅰ、Ⅱ、Ⅳ

C. Ⅱ、Ⅲ、Ⅳ   D. Ⅰ、Ⅱ、Ⅲ、Ⅳ

【答案】D

【解析】年金(普通年金)是指在一定期限内,时间间隔相同、不间断、金额相等、方向相同的一系列现金流。比如,退休后每个月固定从社保部门领取的养老金就是一种年金,定期定额缴纳的房屋贷款月供、每个月进行定期定额购买基金的月投资额款、向租房者每月固定领取的租金等均可视为一种年金。年金通常用PMT表示。

6. 在计息期一定的情况下,下列关于利率与现值、终值系数的说法正确的有(   )。

Ⅰ.当利率大于零,年金现值系数一定都大于1

Ⅱ.当利率大于零,年金终值系数一定都大于1

Ⅲ.当利率大于零,复利终值系数一定都大于1

Ⅳ.当利率大于零,复利现值系数一定都小于1

A. Ⅰ、Ⅲ   B. Ⅱ、Ⅳ

C. Ⅰ、Ⅲ、Ⅳ   D. Ⅱ、Ⅲ、Ⅳ

【答案】D

【解析】计算多期中终值的公式为$FV=PV\times(1+r)^t$。其中,PV是期初的价值,r是利率,t是投资时间,$(1+r)^t$是复利终值系数;计算多期中现值的公式为$PV=FV/(1+r)^t$。其中,r是利率,t是投资时间,FV是期末的价值,$1/(1+r)^t$是复利现值系数。

7. 资本资产定价模型的假设条件包括(   )。

Ⅰ.证券的收益率具有确定性

Ⅱ.资本市场没有摩擦

Ⅲ.投资者都依据组合的期望收益率和方差选择证券组合

Ⅳ.投资者对证券的收益和风险及证券间的关联性具有完全相同的预期

A. Ⅰ、Ⅱ、Ⅲ   B. Ⅱ、Ⅳ

C. Ⅱ、Ⅲ、Ⅳ   D. Ⅲ、Ⅳ

【答案】C

【解析】资本资产定价模型的假设条件可概括为如下三项:①投资者都依据期望收益率评价证券组合的收益水平,依据方差(或标准差)评价证券组合的风险水平,按照资产组合理论选择最优证券组合;②投资者对证券的收益、风险及证券间的关联性具有完全相同的预期;③资本市场没有摩擦,摩擦是指市场对资本和信息自由流动的阻碍。

8. 某投资者打算购买 A、B、C 三只股票,该投资者通过证券分析得出三只股票的分析数据:(1)股票 A 的收益率期望值等于 0.05,贝塔系数等于 0.6;(2)股票 B 的收益率期望值等于 0.12,贝塔系数等于 1.2;(3)股票 C 的收益率期望值等于 0.08,贝塔系数等于 0.8。据此决定在股票 A 上的投资比例为 0.2,在股票 B 上的投资比例为 0.5,在股票 C 上的投资比例为 0.3,那么(   )。

Ⅰ.在期望收益率$-\beta$系数平面上,该投资者的组合优于股票 C

Ⅱ.该投资者的组合β系数等于 0.96

Ⅲ.该投资者的组合预期收益率大于股票 C 的预期收益率

Ⅳ.该投资者的组合预期收益率小于股票 C 的预期收益率

A. Ⅰ、Ⅲ

B. Ⅱ、Ⅲ

C. Ⅰ、Ⅳ

D. Ⅱ、Ⅳ

【答案】B

【解析】该投资者的组合的预期收益率＝0.05×0.2＋0.12×0.5＋0.08×0.3＝0.094；该投资者的组合 β 系数＝0.6×0.2＋1.2×0.5＋0.8×0.3＝0.96。

9. 家庭的生命周期包括(　　)。

Ⅰ. 家庭衰老期

Ⅱ. 家庭成熟期

Ⅲ. 家庭形成期

Ⅳ. 家庭成长期

A. Ⅰ、Ⅱ、Ⅲ

B. Ⅰ、Ⅱ、Ⅳ

C. Ⅱ、Ⅲ、Ⅳ

D. Ⅰ、Ⅱ、Ⅲ、Ⅳ

【答案】D

【解析】生命周期理论认为：自然人在相当长的期间内计划个人的储蓄消费行为，以实现生命周期内收支的最佳配置。生命周期分家庭和个人生命周期两种，其中，家庭的生命周期一般可分为形成期、成长期、成熟期以及衰老期四个阶段。

10. 关于 β 系数的含义，下列说法中正确的有(　　)。

Ⅰ. β 系数绝对值越大，表明证券或组合对市场指数的敏感性越弱

Ⅱ. β 系数为曲线斜率，证券或组合的收益与市场指数收益呈曲线相关

Ⅲ. β 系数为直线斜率，证券或组合的收益与市场指数收益呈线性相关

Ⅳ. β 系数绝对值越大，表明证券或组合对市场指数的敏感性越强

A. Ⅰ、Ⅱ

B. Ⅱ、Ⅳ

C. Ⅰ、Ⅲ

D. Ⅲ、Ⅳ

【答案】D

【解析】证券或组合的收益与市场指数收益呈线性相关，β 系数为直线斜率，反映了证券或组合的收益水平对市场平均收益水平变化的敏感性。β 系数值绝对值越大，表明证券或组合对市场指数的敏感性越强。

11. 关于 SML 和 CML，下列说法正确的有(　　)。

Ⅰ. 两者都表示有效组合的收益与风险关系

Ⅱ. SML 适合于所有证券或组合的收益风险关系，CML 只适合于有效组合的收益风险关系

Ⅲ. SML 以 β 描绘风险，而 CML 以 σ 描绘风险

Ⅳ. SML 是 CML 的推广

A. Ⅱ、Ⅲ

B. Ⅰ、Ⅲ、Ⅳ

C. Ⅰ、Ⅳ

D. Ⅱ、Ⅲ、Ⅳ

【答案】D

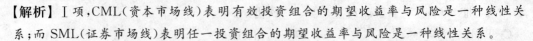

【解析】Ⅰ项,CML(资本市场线)表明有效投资组合的期望收益率与风险是一种线性关系;而SML(证券市场线)表明任一投资组合的期望收益率与风险是一种线性关系。

12.在生命周期内,个人或家庭决定其目前的消费和储蓄需要综合考虑的因素有(   )。

Ⅰ.退休时间

Ⅱ.现在收入

Ⅲ.可预期的工作

Ⅳ.将来收入

A.Ⅰ、Ⅲ   B.Ⅰ、Ⅱ、Ⅳ

C.Ⅱ、Ⅳ   D.Ⅰ、Ⅱ、Ⅲ、Ⅳ

【答案】D

【解析】生命周期理论对人们的消费行为提供了全新的解释,该理论指出自然人是在相当长的期间内计划个人的储蓄消费行为,以实现生命周期内收支的最佳配置,即,一个人将综合考虑其当期、将来的收支,以及可预期的工作、退休时间等诸多因素,以决定目前的消费和储蓄,并保证其消费水平处于预期的平稳状态,而不至于出现大幅波动。

第三部分
专业技能

第三章　客户分析

考情分析

本章主要从信息分析、财务分析、风险分析和目标分析四个方面介绍了客户分析的内容。其中,信息分析主要介绍了客户信息的分类、收集方法;财务分析介绍了个人资产负债表和个人现金流量表的项目及内容、预测客户未来收入、支出的方法;风险分析主要介绍了客户理财价值观、客户风险偏好的主要类型、客户风险承受能力的影响因素和评估方法、客户风险特征的内容和矩阵的编制方法以及投资渠道偏好、知识结构、生活方式、个人性格等对客户证券投资方式和产品选择的影响等;目标分析主要介绍了客户证券投资需求和目标的分类和内容和客户证券投资目标分析方法等。

备考方法

本章内容难度不大,以记忆性知识点为主,在近 3 次考试中,本章所占的分值约为 10 分。客户分析从内容上主要涉及信息分析、财务分析、风险分析和目标分析。考生应该反复复习,并通过过关演练巩固相应知识点。

思维导图

```
                信息分析
                          个人资产负债表和个人现金流量表的项目及其内容
                   财务分析  预测客户未来收入的方法
                          预测客户未来支出的方法
                          客户理财价值观
                          客户风险偏好的主要类型
                          客户风险承受能力的影响因素
       客户          风险分析  客户风险承受能力的评估方法
       分析            客户风险特征的内容
                          客户风险特征矩阵的编制方法
                          投资渠道偏好、知识结构、生活方式、个人性格等对客户证券投资方式
                          和产品选择的影响
                   目标分析  客户证券投资需求和目标的分类和内容
                          客户证券投资目标分析方法
```

考点精讲

第一节　信息分析

一、客户信息的分类

按照不同的标准,客户信息的分类有不同的分类,如表3-1所示。

表 3-1　客户信息的分类

分类标准	类型	具体内容
理财规划需要	基本信息	大体包括客户的姓名、年龄、联系方式、工作单位与职务、国籍、婚姻状况、健康状况,以及重要的家庭、社会关系信息(包括需要供养父母、子女信息)
	财务信息	客户家庭的收支与资产负债状况,以及相关的财务安排(包括储蓄、投资、保险账户情况等)
	个人兴趣及人生规划和目标	包括职业和职业生涯发展,客户性格特征、风险属性、个人兴趣爱好及志向,客户的生活品质及要求,受教育程度及投资经验、人生观、财富观等

续表

分类标准	类型	具体内容
是否属于财务信息	财务信息	客户家庭收支和资产负债状况信息
	非财务信息	客户基本信息和个人兴趣、发展及预期目标
定量信息和定性信息	定量信息	客户财务方面的信息
	定性信息	客户基本信息、个人兴趣爱好、职业生涯发展和预期目标等

二、客户信息收集方法

收集客户信息的方法有多种,具体如表 3-2 所示。

表 3-2 客户信息收集方法

收集方法	具体内容
开户资料	①填写开户资料时,理财师可获得最基础的信息(如客户姓名、性别、证件信息、出生日期、联系地址、电话号码等); ②可协助客户填写一份类似《客户信息采集表》,内容可以涵盖学历、就业情况、个人兴趣爱好,以及婚姻状况、子女情况等,辅助收集客户信息
调查问卷	①优点:简便易行、有的放矢、有针对性采集信息,容易量化,客户接受度高; ②缺点:问卷问题的设计需要精确科学,否则容易误导客户,客户有时不愿意填写或不认真填写
面谈沟通	①面见客户前要准备面谈的主要内容或目的、客户的基本情况和以往接触历史等; ②安排好自己的工作计划、时间,不得迟到或让客户久候; ③言谈举止应符合相关商务和服务礼仪标准要求,突出专业形象,真诚、亲切、自然; ④掌握一些关键的沟通技巧,并能在接触中熟练自然地加以运用; ⑤做好会面后的后续跟踪工作
电话沟通	①优点:工作效率高、营销成本低、计划性强、方便易行; ②缺点:不能面对面、对客户周围环境和其肢体语言毫无所知; ③注意事项:需要注意电话沟通的流程和技巧

第二节　财务分析

一、个人资产负债表和个人现金流量表的项目及其内容

个人资产负债表和个人现金流量表的项目及其内容如表 3-3 所示。

表 3-3　个人资产负债表和个人现金流量表的项目及其内容

项目	具体内容
个人资产负债表	①资产分类、额度及其与总资产的占比情况； ②负债分类、额度及其与总负债的占比情况； ③净资产额度
个人现金流量表	①主要收入的分类、额度及其与总收入的占比情况； ②主要支出的分类、额度及其与总支出的占比情况； ③结余额度

二、预测客户未来收入的方法

在制定收入预算的过程中，理财师应关注：

(1)尽量对比较确定的收入项目进行预测；

(2)对收入的增长率抱谨慎态度；

(3)关注收入现金流入的时间点。

三、预测客户未来支出的方法

家庭收支预算的重点是支出预算，因为控制支出是理财规划的重要内容。制定预算，并且严格按照预算的额度进行支配，是控制家庭支出最重要的手段之一。支出预算项目通常包括但不限于以下几个方面的内容：

(1)日常生活支出预算项目，包括在衣、食、住、行、家政服务、普通娱乐休闲、医疗等方面的支出预算。

(2)专项支出预算，包括：①子女教育或财务支持支出预算；②赡养支出预算；③旅游支出；④其他爱好支出预算；⑤保费支出预算；⑥本息还贷支出预算；⑦私家车换购或保养支出预算；⑧家居装修支出预算；⑨与其他短期理财目标相关的现金流支出预算等。

第三节　风险分析

一、客户理财价值观

按照不同的财富观，可将客户分为储藏者、积累者、修道士、挥霍者和逃避者五类，如表 3-4 所示。

表 3-4　客户理财价值观分类

客户类别	特点
储藏者	①量入为出,买东西会精打细算; ②从不向人借钱,也不用循环信用; ③有储蓄习惯,仔细分析投资方案
积累者	①担心财富不够用,致力于积累财富; ②量出为入,开源重于节流; ③有赚钱机会时不排斥借钱滚钱
修道士	①嫌铜臭,不让金钱左右人生; ②命运论者,不担心财务保障; ③缺乏规划概念,不量出不量入
挥霍者	①喜欢花钱的感觉,花的比赚的多; ②常常借钱或用信用卡循环额度; ③透支未来,冲动型消费者
逃避者	①讨厌处理钱的事,也不求助专家; ②不借钱不用信用卡,理财单纯化; ③除存款外不做其他投资,烦恼少

二、客户风险偏好的主要类型

按照客户对风险的态度,可以把客户划分为:风险厌恶型、风险偏好型及风险中立型三类,如表 3-5 所示。

表 3-5　客户风险偏好的主要类型

主要类型	特点
风险厌恶型	对待风险态度消极,不愿为增加收益而承担风险,非常注重资金安全,极力回避风险
风险偏好型	对待风险投资较为积极,愿意为获取高收益而承担高风险,重视风险分析和规避,不因风险的存在而放弃投资机会
风险中立型	介于风险厌恶型和风险偏好型投资者之间,期望获得较高收益,但对于高风险也望而生畏

三、客户风险承受能力的影响因素

客户风险承受能力的影响因素包括客户年龄、财务状况、投资经验、投资目的、收益预

期、风险偏好、流动性要求、风险认识以及风险损失承受程度等。

商业银行对超过 65 岁(含)的客户进行风险承受能力评估时,应当充分考虑客户年龄、相关投资经验等因素。

四、客户风险承受能力的评估方法

(1)确定客户风险承受能力评级,由低到高至少包括五级,并可根据实际情况进一步细分。

(2)在客户首次购买理财产品前在银行网点进行风险承受能力评估。风险承受能力评估依据至少应当包括客户年龄、财务状况、投资经验、投资目的、收益预期、风险偏好、流动性要求、风险认识以及风险损失承受程度等。商业银行完成客户风险承受能力评估后应当将风险承受能力评估结果告知客户,由客户签名确认后留存。

(3)定期或不定期地采用当面或网上银行方式对客户进行风险承受能力持续评估。

(4)制定统一的客户风险承受能力评估书。商业银行应当在客户风险承受能力评估书中明确提示,如客户发生可能影响其自身风险承受能力的情形,再次购买理财产品时应当主动要求商业银行对其进行风险承受能力评估。

(5)为私人银行客户和高资产净值客户提供理财产品销售服务应当按照规定进行客户风险承受能力评估。高资产净值客户是满足下列条件之一的商业银行客户:

①单笔认购理财产品不少于 100 万元人民币的自然人;

②认购理财产品时,个人或家庭金融净资产总计超过 100 万元人民币,且能提供相关证明的自然人;

③个人收入在最近三年每年超过 20 万元人民币或者家庭合计收入在最近三年内每年超过 30 万元人民币,且能提供相关证明的自然人。

(6)商业银行分支机构理财产品销售部门负责人或经授权的业务主管人员应当定期对已完成的客户风险承受能力评估书进行审核。

(7)商业银行应当建立客户风险承受能力评估信息管理系统,用于测评、记录和留存客户风险承受能力评估内容和结果。

五、客户风险特征的内容

客户风险特征可以由三个方面构成,如表 3-6 所示。

表 3-6　客户风险特征的内容

风险特征构成	具体内容
风险偏好	①反映的是客户主观上对风险的基本态度; ②影响因素多且复杂,与客户所处的文化氛围、成长环境有密切关系

风险特征构成	具体内容
风险认知度	①反映的是客户对风险的主观评价; ②人们对风险的认知度往往取决于他的知识水平和生活经验; ③不同的人对同一风险的认知度是不同的
实际风险承受能力	①反映的是风险在客观上对客户的影响程度; ②同一风险对不同人的影响不一样

六、客户风险特征矩阵的编制方法

客户风险特征可以用客户风险承受能力和风险承受态度两个指标来分析。

(一)风险承受能力评估

风险承受能力总分(100分)=年龄因素分数+其他因素分数。

(1)年龄因素:总分50分,25岁以下者50分,每多一岁减1分,75岁以上0分;

(2)其他因素:总分50分。

风险承受能力评估表如表3-7所示。

表3-7 风险承受能力评估表

分数	10分	8分	6分	4分	2分
就业状况	公教人员	上班族	佣金收入者	自营事业者	失业
家庭负担	未婚	双薪无子女	双薪有子女	单薪有子女	单薪养三代
置业状况	投资不动产	自宅无房贷	房贷<50%	房贷>50%	无自宅
投资经验	10年以上	6~10年	2~5年	1年以上	无
投资知识	有专业执照	财经专业毕业	自修有心得	懂一些	一片空白

(<20,低风险承受能力;20~39,中低风险承受能力;40~59,中等风险承受能力;60~79,中高风险承受能力;>80,高风险承受能力。)

(二)风险承受态度评估计算公式

风险承受态度评估=对本金损失的容忍程度+其他心理因素

(1)对本金损失的容忍程度(可承受亏损的百分比):总分50分,不能容忍任何损失为0分,每增加1个百分点加2分,可容忍25%以上损失者为满分50分。

(2)其他心理因素,总分50分。

其他心理因素评估表如表3-8所示。

表 3-8 其他心理因素评估表

分数	10分	8分	6分	4分	2分
首要考虑因素	赚短差价	长期利得	年现金收益	抗通货膨胀保值	保本保息
过去投资绩效	只赚不赔	赚多赔少	损益两平	赚少赔多	只赔不赚
赔钱心理状态	学习经验	照常过日子	影响情绪小	影响情绪大	难以成眠
目前主要投资市场	期货	股票	房地产	债券	存款
未来回避投资市场	无	期货	股票	房地产	债券

（三）风险特征矩阵

表 3-9 列出的风险矩阵中的投资组合是一般情况下的参考建议，银行从业人员在实际个人理财业务中，为客户进行投资组合设计时，除了考虑客户风险特征外，还要考虑其他因素，如利率趋势、当时市场状况、客户投资目标等因素。

表 3-9 风险矩阵

单位:%

风险矩阵	风险能力	低能力	中低能力	中能力	中高能力	高能力
风险态度	工具	0~19分	20~39分	40~59分	60~79分	80~100分
低态度 0~19分	货币	70	50	40	20	10
	债券	30	40	40	50	50
	股票	0	10	20	30	40
中低态度 20~39分	货币	40	30	20	10	10
	债券	50	50	50	50	40
	股票	10	20	30	40	50
中态度 40~59分	货币	40	30	10	0	0
	债券	30	30	40	40	30
	股票	30	40	50	60	70
中高态度 60~79分	货币	20	0	0	0	0
	债券	40	50	40	30	20
	股票	40	50	60	70	80
高态度 80~100分	货币	0	0	0	0	0
	债券	50	40	30	20	10
	股票	50	60	70	80	90

七、投资渠道偏好、知识结构、生活方式、个人性格等对客户证券投资方式和产品选择的影响

表 3-10　对客户证券投资方式和产品选择的影响

因素	影响
投资渠道偏好	投资渠道偏好是指客户由于个人的知识、经验、工作或社会关系等原因而对某类投资渠道有特别的喜好或厌恶。对此,银行从业人员在给客户提供财务建议的时候要客观分析并向客户作准确解释,在此基础上要充分尊重客户的偏好,而绝不能够用自己的偏好影响客户的财务安排
知识结构	客户个人的知识结构尤其是对理财知识的了解程度和主动获取信息的方式对于选择投资渠道、产品和投资方式会产生影响
生活方式(生活、工作习惯)	客户个人不同的生活、工作习惯对理财方式的选择也很重要,如工作繁忙的职业经理人很难有时间去盯盘炒股
个人性格	客户个人的性格是个人主观意愿的习惯性表现,会对理财的方式和方法产生影响。比如客户不喜欢别人越俎代庖

第四节　目标分析

一、客户证券投资需求和目标

(一)客户理财需求和目标

客户提出的所期望达到的目标按时间长短可以划分为:

(1)短期目标(如休假、购新车、存款等);

(2)中期目标(如子女教育储蓄、按揭购房等);

(3)长期目标(如退休安排、遗产安排)。

(二)客户的其他理财要求

(1)收入保护(如预防失去工作能力而造成生活困难等);

(2)资产保护(如财产保险等);

(3)客户死亡情况下的债务减免;

(4)投资目标与风险预测之间的矛盾。

二、客户证券投资目标分析方法

结合客户理财需求、目标及产品市场风险情况等确定个人理财目标,表 3-11 可作为参考。

表 3-11 客户证券投资目标分析方法

时间阶段	目标	迫切性 (低/中/高)	目标达到日期	所需资本来源	备注
短期	税务负担最小化				
	筹集紧急备用金				
	减少债务				
	投资股票市场				
	控制开支预算				
	其他短期目标				
中期	筹集汽车、住房资金				
	寿险、财险和个人债务				
	提高保险保障				
	启动个人生意				
	其他中期目标				
长期	建立退休基金				
	子女教育基金				
	有效地分配不动产继承				
	其他长期目标				

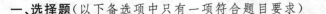

过关演练

一、选择题(以下备选项中只有一项符合题目要求)

1.下列不属于客户财务信息的是(　　　　)。

　A.财务状况未来发展趋势　　　　　B.当期收入状况

　C.当期财务安排　　　　　　　　　D.投资风险偏好

【答案】D

【解析】客户信息可简单分为财务信息和非财务信息两大类。财务信息主要是指客户家庭的收支与资产负债状况,以及相关的财务安排(包括储蓄、投资、保险账户情况等)。客

户基本信息和个人兴趣、发展及预期目标属于非财务信息。

2. 理财师开展业务时,(　　)是了解客户、收集信息的最好时机。

A. 开户　　　　　　　　　　　　B. 调查问卷

C. 面谈沟通　　　　　　　　　　D. 电话沟通

【答案】A

【解析】开户,通常是理财师与客户的首次接触,也是了解客户、收集信息的最好时机。在填写开户资料时,理财师可以获得客户姓名、性别、证件信息、出生日期、联系地址、电话号码等最基础的信息,还可以协助客户填写一份类似《客户信息采集表》,在内容设计上,可以涵盖学历、就业情况、个人兴趣爱好,以及婚姻状况、子女情况等,辅助收集客户信息。

3. 下列关于资产负债表的表述错误的是(　　)。

A. 当负债相对于所有者权益过高时,个人就容易出现财务危机

B. 净资产就是资产减去负债

C. 活期存款、股票、债券、基金等变现较快,属于流动资产

D. 分析客户的资产负债表是财务规划和投资组合的基础

【答案】C

【解析】在个人资产负债表中,流动资产主要有现金、存款和货币市场基金等。股票和债券属于投资资产。

4. 现金流量表中,下列(　　)项目可以不列入表内。

A. 资本利得　　　　　　　　　　B. 工资收入

C. 股票市值　　　　　　　　　　D. 保单分红所得

【答案】C

【解析】现金流量表用来说明在过去一段时期内,个人的现金收入和支出情况。现金流量表只记录涉及实际现金流入和流出的交易。那些额外收入,如红利和利息收入、人寿保险现金价值的累积以及股权投资的资本利得也应列入现金流量表。

5. 张自强先生是兴亚银行的金融理财师,他的客户王丽女士总是担心财富不够用,认为开源重于节流,量出为入,平时致力于财富的积累,有赚钱机会就要去投资。对于该客户的财富态度,金融理财师张自强不应该采取的策略为(　　)。

A. 慎选投资标的,分散风险

B. 评估开源渠道,提供建议

C. 分析支出及储蓄目标,制定收入预算

D. 根据收入及储蓄目标,制定支出预算

【答案】D

【解析】按照不同的财富观,有人将客户分为储藏者、积累者、修道士、挥霍者和逃避者五类。积累者,担心财富不够用,致力于积累财富;量出为入,开源重于节流;有赚钱机会时不排斥借钱滚钱。根据题干中的描述,王丽女士的财富观属于积累者,ABC三项均是积累者应采取的策略,D项是储藏者采取的策略。

6.一般而言,不影响风险承受能力的因素是(   )。

A.年龄
B.财富

C.收入
D.家庭地位

【答案】D

【解析】根据《商业银行理财产品销售管理办法》第二十八条规定,商业银行应当在客户首次购买理财产品前在本行网点进行风险承受能力评估。风险承受能力评估依据至少应当包括客户年龄、财务状况、投资经验、投资目的、收益预期、风险偏好、流动性要求、风险认识以及风险损失承受程度等。

7.下列理财目标中属于长期目标的是(   )。

A.税收负担最小化
B.偿还个人债务

C.建立退休基金
D.投资股票市场

【答案】C

【解析】客户在与银行从业人员接触的过程中会提出他所期望达到的目标。这些目标按时间的长短可以划分为:①短期目标,如休假、购置新车、存款等;②中期目标,如子女的教育储蓄、按揭买房等;③长期目标,如退休、遗产等。

8.下列属于客户定量信息的是(   )。

A.金钱观
B.每月收入与支出

C.风险偏好
D.投资经验

【答案】B

【解析】定量信息包括了以下几个主要方面的信息:①家庭各类资产额度;②家庭各类负债额度;③家庭各类收入额度;④家庭各类支出额度;⑤家庭储蓄额度。

9.以下各项中属于个人资产负债表中短期资产的是(   )。

A.保险费
B.活期存款

C.汽车贷款
D.自用房产

【答案】B

【解析】A项,保险费不属于个人资产负债表中的项目;C项,汽车贷款属于负债项目;D项,自用房产属于个人资产负债表中的长期资产项目。

二、组合型选择题(以下备选项中只有一项最符合题目要求)

1.从客户对理财规划需求的角度看,客户信息包括(   )。

Ⅰ.基本信息

Ⅱ.财务信息

Ⅲ.个人兴趣

Ⅳ.人生规划

A.Ⅰ、Ⅲ
B.Ⅲ、Ⅳ

C.Ⅱ、Ⅲ、Ⅳ
D.Ⅰ、Ⅱ、Ⅲ、Ⅳ

【答案】D

【解析】根据理财规划的需求,一般把客户信息分为:基本信息、财务信息、个人兴趣及人生规划和目标三方面。

2.下列客户信息属于定量信息的有( )。

Ⅰ.雇员福利

Ⅱ.养老金

Ⅲ.金钱观

Ⅳ.理财知识水平

A.Ⅰ、Ⅱ   B.Ⅰ、Ⅳ

C.Ⅱ、Ⅲ   D.Ⅱ、Ⅳ

【答案】A

【解析】客户信息可以分为定量信息和定性信息,客户财务方面的信息基本属于定量信息;非财务信息,即客户基本信息和个人兴趣爱好、职业生涯发展和预期目标等属于定性信息。

3.客户的个人理财行为影响到其个人资产负债表,下列表述正确的有( )。

Ⅰ.用银行存款购买期望收益率更高的公司债券,则客户的总资产将会增加

Ⅱ.股票市值下降后,客户的总资产将会减少

Ⅲ.用银行存款每月偿还住房分期付款,则每月偿还后净资产将会减少

Ⅳ.以分期付款的方式购买一处房产,客户的总资产将会增加

A.Ⅱ、Ⅲ   B.Ⅱ、Ⅳ

C.Ⅰ、Ⅱ、Ⅲ   D.Ⅰ、Ⅲ、Ⅳ

【答案】B

【解析】Ⅰ项,用银行存款购买期望收益率更高的公司债券,客户的总资产不会发生变化;Ⅲ项,用银行存款每月偿还住房分期付款,则每月偿还后总资产将会减少,总负债也会减少相同的数额,因此净资产不变。

4.从业人员在向客户提供理财顾问服务时需要掌握的个人财务报表包括( )。

Ⅰ.资产负债表

Ⅱ.现金流量表

Ⅲ.利润分配表

Ⅳ.中间业务表

A.Ⅰ、Ⅱ   B.Ⅰ、Ⅱ、Ⅲ

C.Ⅰ、Ⅲ   D.Ⅰ、Ⅱ、Ⅲ、Ⅳ

【答案】A

【解析】从业人员向客户提供财务分析、财务规划的顾问服务时,需要掌握两类个人财务报表,即资产负债表和现金流量表。

5.客户的常规性收入包括( )。

Ⅰ.租金收入

Ⅱ. 奖金

Ⅲ. 股票投资收益

Ⅳ. 工资

A. Ⅲ、Ⅳ   B. Ⅰ、Ⅱ、Ⅲ

C. Ⅱ、Ⅲ、Ⅳ   D. Ⅰ、Ⅱ、Ⅲ、Ⅳ

【答案】D

【解析】在预测客户的未来收入时,可以将收入分为常规性收入和临时性收入两类。常规性收入一般可以在上一年收入的基础上预测其变化率,如工资、奖金和津贴、股票和债券投资收益、银行存款利息和租金收入等。

6. 一般将客户的风险偏好分为非常进取型、(   )。

Ⅰ. 温和进取型

Ⅱ. 中庸稳健型

Ⅲ. 温和保守型

Ⅳ. 非常保守型

A. Ⅱ、Ⅳ   B. Ⅲ、Ⅳ

C. Ⅰ、Ⅲ、Ⅳ   D. Ⅰ、Ⅱ、Ⅲ、Ⅳ

【答案】D

【解析】风险偏好就是人对风险的态度,是对一项风险事件的容忍程度。一般将客户的风险偏好分为非常进取型、温和进取型、中庸稳健型、温和保守型和非常保守型。

7. 一般而言,影响客户风险承受能力的因素有很多,下列表述正确的有(   )。

Ⅰ. 随着财富的增加,客户绝对风险承受能力也会增加

Ⅱ. 客户年龄越大,其所能承受的风险越低

Ⅲ. 客户理财目标的弹性越大,其可承受的风险也越高

Ⅳ. 客户风险承受能力与其受教育程度无关

A. Ⅰ、Ⅱ   B. Ⅰ、Ⅲ

C. Ⅰ、Ⅱ、Ⅲ   D. Ⅰ、Ⅱ、Ⅲ、Ⅳ

【答案】C

【解析】Ⅳ项,受教育程度对一个人的消费观念和生活态度影响巨大,进而影响个人对理财服务的需求。一般地,风险承受能力随着受教育程度的增加而增加。

8. 决定客户选择理财组合方式的因素包括(   )。

Ⅰ. 投资渠道偏好

Ⅱ. 知识结构

Ⅲ. 生活方式

Ⅳ. 个人性格

A. Ⅱ、Ⅲ   B. Ⅲ、Ⅳ

C. Ⅱ、Ⅲ、Ⅳ   D. Ⅰ、Ⅱ、Ⅲ、Ⅳ

【答案】D

【解析】决定客户选择理财组合方式的因素有：风险特征；投资渠道偏好；知识结构；生活方式；个人性格等等。

9. 了解客户的渠道有（　　）。

Ⅰ. 开户资料

Ⅱ. 调查问卷

Ⅲ. 家访

Ⅳ. 面谈沟通

A. Ⅱ、Ⅲ 　　　　　　　　　　B. Ⅲ、Ⅳ

C. Ⅱ、Ⅲ、Ⅳ 　　　　　　　　D. Ⅰ、Ⅱ、Ⅳ

【答案】D

【解析】了解客户、收集信息的渠道和方法包括：①开户资料；②调查问卷；③面谈沟通；④电话沟通。

10. 下列对于评估客户投资风险承受能力的表述正确的是（　　）。

Ⅰ. 已退休客户，应该建议其投资保守型产品

Ⅱ. 年龄与投资风险承受能力完全无关

Ⅲ. 理财目标的弹性越大，越无法承担高风险

Ⅳ. 资金需动用的时间离现在越近，越不能承担风险

A. Ⅰ、Ⅲ 　　　　　　　　　　B. Ⅰ、Ⅳ

C. Ⅱ、Ⅲ 　　　　　　　　　　D. Ⅰ、Ⅱ、Ⅳ

【答案】B

【解析】Ⅱ项，一般而言，客户年龄越大，所能够承受的投资风险越低；Ⅲ项，客户理财目标的弹性越大，其可承受的风险也越高。

11. 属于客户理财需求短期目标的有（　　）。

Ⅰ. 分期付款买房

Ⅱ. 子女教育储蓄

Ⅲ. 筹集紧急备用金

Ⅳ. 计划去东南亚度假

A. Ⅰ、Ⅲ 　　　　　　　　　　B. Ⅰ、Ⅳ

C. Ⅱ、Ⅲ 　　　　　　　　　　D. Ⅲ、Ⅳ

【答案】D

【解析】客户理财需求的短期目标有休假、购置新车、存款、税务负担最小化、筹集紧急备用金、减少债务、投资股票市场、控制开支预算等。Ⅰ、Ⅱ两项属于客户理财需求的中期目标。

12. 了解客户的基本信息是提供针对性投资理财建议的基础和保证，以下属于客户基本信息的有（　　）。

Ⅰ.婚姻状况

Ⅱ.重要的家庭和社会关系

Ⅲ.工作单位与职务

Ⅳ.个人兴趣爱好和志向

A.Ⅰ、Ⅲ　　　　　　　　　　B.Ⅰ、Ⅱ、Ⅲ

C.Ⅱ、Ⅲ、Ⅳ　　　　　　　　D.Ⅰ、Ⅱ、Ⅲ、Ⅳ

【答案】B

【解析】客户的基本信息大体包括客户的姓名、年龄、联系方式、工作单位与职务、国籍、婚姻状况、健康状况,以及重要的家庭、社会关系信息(包括需要供养父母、子女信息)。Ⅳ项属于客户的个人兴趣及人生规划和目标方面的信息,不属于客户基本信息。

第四章　证券分析

● ● ● ● ● ● ● ● ● ● ● 考情分析 ● ● ● ● ● ● ● ● ● ● ●

　　本章包括基本分析和技术分析两部分内容。其中,基本分析主要介绍基本分析的两种方法、宏观经济分析、证券市场的供求分析、证券市场传导宏观经济政策的机制、行业分析、公司分析、证券估值方法等;技术分析主要介绍了技术分析的基本假设、使用图形、趋势线、阻力位与支持位,移动平均数、相对强弱指数、移动平均值等指标,道氏理论和艾氏波浪理论,技术分析方法的分类、特点,应用前提和适用范围以及局限性,总体、样本和统计量,统计推断的参数估计、假设检验,常用统计软件及其应用。

● ● ● ● ● ● ● ● ● ● ● 备考方法 ● ● ● ● ● ● ● ● ● ● ●

　　本章难度较大,涉及的小考点多,考生必须在理解的基础上牢记考点,在近3次考试中,本章所占的分值约为24分。在复习过程中,考生应注意区分理解宏观经济分析,证券市场的供求分析,行业分析,公司分析,掌握证券估值方法,了解统计基本内容,对于技术分析趋势线及常用指标,道氏理论和艾氏波浪理论,要求考生熟练掌握。

基本分析的两种方法

宏观经济分析的主要内容

证券市场的供求关系分析

证券市场传导宏观经济政策的途径与机制

行业分析的主要内容

行业竞争情况分析的主要内容和基本方法

行业生命周期分析的主要内容和基本方法

公司分析的主要内容

公司财务报表分析的主要方法

主要财务比率指标分析

公司杜邦分析

公司分红派息

证券估值在公司未来财务预测中的应用分析

证券估值方法的主要类型

股息贴现模型和股息增长模型

市盈率和资本资产定价模型

技术分析的基本假设与相关图形

技术分析的趋势线

技术分析的阻力位与支撑位

常用技术分析指标

道氏理论和艾氏波浪理论

技术分析方法的分类及其特点

技术分析的应用前提、适用范围和局限性

总体、样本和统计量的含义

统计推断的参数估计和假设检验

常用统计软件及其应用

证券分析 — 基本分析 / 技术分析

第一节　基本分析

一、基本分析的两种主要方法

基本分析法是指证券分析师根据经济学、金融学、财务管理学及投资学等基本原理,对决定证券价值及价格的基本要素,如宏观经济指标、经济政策走势、行业发展状况、产品市场状况、公司销售和财务状况等进行分析,评估证券的投资价值,判断证券的合理价位,提出相应投资建议的一种分析方法。分为由上而下分析法和由下而上分析法,其基本原理和主要步骤如表 4-1 所示。

表 4-1　基本分析的两种主要方法

方法	基本原理	主要步骤
由上而下分析法	指先从经济面和资本市场的分析出发,重视对于大环境变量的考虑,挑选未来前景较好的产业,之后再从所选的产业中挑出较具有竞争力和绩效不错的公司	①宏观经济分析; ②证券市场分析; ③行业和区域分析; ④公司分析
由下而上分析法	指先从公司的基本面分析出发,重点放在企业的基本面和价格上,从企业的财务报表入手,再到企业的商业模式,筛选出符合标准的公司,强化结论	①公司分析; ②行业和区域分析; ③证券市场分析; ④宏观经济分析

二、宏观经济分析的主要内容

(一)宏观经济运行分析

1. 宏观经济运行对证券市场的影响

表 4-2　宏观经济运行对证券市场的影响

项目	内容
企业经济效益	①如果宏观经济运行趋好,企业总体盈利水平提高,证券市场的市值上涨;②如果政府采取强有力的宏观调控政策,紧缩银根,企业的投资和经营会受到影响,盈利下降,证券市场市值就可能缩水

续表

项目	内容
居民收入水平	①经济周期处于上升阶段或在提高居民收入政策的作用下,居民收入水平提高将会在一定程度上拉动消费需求,从而增加相关企业的经济效益;②居民收入水平的提高也会直接促进证券市场投资需求的提高
投资者对股价的预期	当宏观经济趋好时,投资者预期公司效益和自身的收入水平会上升,证券市场人气旺盛,推动市场平均价格走高;反之,则会令投资者对证券市场信心下降
资金成本	当国家经济政策发生变化(如采取调整利率水平、实施消费信贷政策、征收利息税等政策),居民、单位的资金持有成本将随之变化

2. 宏观经济变动与证券市场波动的关系

表 4-3 宏观经济变动与证券市场波动的关系

项目	内容
国内生产总值变动	从长期看,在上市公司的行业结构与该国产业结构基本一致的情况下,股票平均价格的变动与 GDP 的变化趋势是相吻合的,但必须将 GDP 与经济形势结合起来进行考察
经济周期变动	人们对于经济形势的预期较全面地反映了人们对经济发展过程中表现出的有关信息的感受。这种预期又必然反映到投资者的投资行为中,从而影响证券市场的价格
通货膨胀的变动	若通货膨胀是温和的、稳定的,对股价的影响较小,能增加债券的必要收益率,使债券价格下跌;若通货膨胀在可容忍范围内,而经济处于景气(扩张)阶段,产量、就业持续增长,则股价也将持续上升;若通货膨胀是严重的,将严重扭曲经济,加速货币贬值,这时人们将会通过购买房屋、囤积商品等进行保值
通货紧缩的变动	通货紧缩带来的经济负增长,使得股票、债券及房地产等资产价格大幅下降,银行资产状况严重恶化。经济危机与金融萧条的出现反过来又影响投资者对证券市场走势的信心

(二)宏观经济政策分析

表 4-4 宏观经济政策分析

政策	内容
财政政策	①减少税收,降低税率,扩大减免税范围会推动证券市场价格上涨; ②扩大财政支出,加大财政赤字会推动证券市场价格上涨; ③减少国债发行(或回购部分短期国债)会推动证券市场上扬; ④增加财政补贴会推动证券市场总体水平趋于上涨

政策	内容
货币政策	①利率：通常，利率下降，股票价格上升；利率上升，股票价格下降； ②公开市场业务：宽松的货币政策使货币供给量增加，利率下调，资金成本降低，生产扩张，利润增加，推动股票价格上涨；反之，股票价格将下跌； ③货币供应量：中央银行通过再贴现政策和法定存款准备金率调节货币供应量，影响资金供求，进而影响证券市场； ④选择性货币政策工具：影响证券市场整体走势和结构性
汇率政策	①汇率上升，本币贬值，本国产品竞争力增强，出口型企业的收益增加，其债券股票价格将上涨；相反，进口型企业成本增加，利润减少，股票债券价格下跌； ②汇率上升，本币贬值，资本流出本国，本国证券市场需求减少，证券市场价格下跌； ③汇率上升，本币表示的进口商品价格提高，国内物价水平上涨，导致通货膨胀。为稳定汇率，政府抛售外汇，本币供应量减少，证券市场价格下跌，直到汇率均衡，而反面效应可能使证券价格回升。若政府同时抛售外汇和回购国债，会引起国债市场价格上涨
收入政策	我国民间金融资产的增大、社会总积累向社会分配的趋向，将导致储蓄、证券市场需求增加，促进证券市场规模的扩大和价格水平的逐步提高。收入总量调控通过财政政策和货币政策的传导影响证券市场

三、证券市场的供求关系分析

(一)供给方和需求方

1.供给方

证券市场的供给主体是公司(企业)、政府与政府机构以及金融机构。政府与政府机构包括中央政府、地方政府以及中央政府直属机构，其为债券产品的主要供给方。金融机构是证券市场的发行和供给主体，发行股票和债券。

2.需求方

证券市场的需求主体是证券投资者。

(二)证券市场供给的决定因素

(1)上市公司质量：直接或间接影响证券市场的供给。最根本因素是上市公司质量与经济效益状况。

(2)上市公司数量：直接决定证券市场供给。影响公司数量的因素主要包括：①宏观经济环境；②制度因素；③市场因素。

（三）证券市场需求的决定因素

（1）宏观经济环境；

（2）政策因素；

（3）居民金融资产结构的调整；

（4）机构投资者的培育和壮大；

（5）资本市场的逐步对外开放。

（四）影响我国证券市场供求关系的基本制度变革

股权分置改革、《证券法》和《公司法》的重新修订以及融资融券业务对我国证券市场产生了深刻、积极的影响，但同时由于融资融券业务的助涨助跌性和保证金制度，也给金融体系的稳定性带来了一定的威胁性。

四、证券市场传导宏观经济政策的主要途径和内在机制

（一）证券市场传导货币政策的主要途径和内在机制

1. 传统体制下的直接传导机制（如图 4-1 所示）

图 4-1　传统体制下的直接传导机制

其特点是：①时滞短，方式简单，作用效应快；②信贷、现金计划从属于实物分配计划，中央银行无法主动对经济进行调控；③缺乏中间变量，政策灵活性不足，会造成经济较大的波动；④企业对银行依赖性强。

2. 改革以来的双重传导机制（如图 4-2 所示）

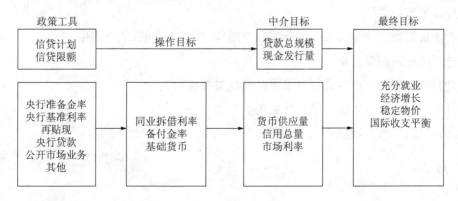

图 4-2　双重传导机制

(1)第一环节:运用货币政策工具影响操作目标—同业拆借利率、备付金率和基础货币,调控金融市场的资金融通成本和各金融机构的贷款能力。

(2)中间环节:操作目标的变动影响到货币供应量、信用总量、市场利率。

(3)最后环节:货币供应量的变动影响到最终目标的变动。

3.货币政策传导途径

从中央银行到商业银行等金融机构和金融市场。金融机构根据中央银行的政策操作调整自己的行为,从而影响各类经济行为主体的消费、储蓄、投资等经济活动。

(二)证券市场传导财政政策的主要途径和内在机制

1."自动稳定器"传导机制

"自动稳定器"的财政政策是指经济失衡时,政府不需要采取任何行动,财政政策工具就会自动发挥作用,减缓经济的衰退或者膨胀。主要包括超额累进所得税和对个人的转移支付。

2."相机抉择"传导机制

"相机抉择"财政政策是指在总供求失衡时,政府根据不同的情况相机决定采取不同的财政政策手段,影响企业和居民的可支配收入,调节社会总需求。

五、行业分析的主要内容

(一)基本状况分析

基本状况分析包括行业概述、行业发展的历史回顾、现状与格局分析、行业发展趋势分析、行业的市场容量、销售增长率现状及趋势预测,行业的毛利率,净资产收益率现状及发展趋势预测等。

(二)一般特征分析

1.行业的市场类型分析

行业的市场类型分为四种:完全竞争、垄断竞争、寡头垄断、完全垄断。

2.行业的经济周期分析

(1)增长型行业:与经济活动总水平的周期及其振幅无关。

(2)周期型行业:与经济周期直接相关。

(3)防守型行业:与经济周期无关。

3.行业生命周期模型(如图4-3所示)

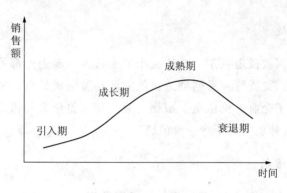

图 4-3　行业生命周期模型

(三)行业结构分析

1.产业组织分析 SCP 理论

产业组织分析 SCP 理论是指通过构建系统化的市场结构——市场行为——市场绩效的分析框架,来研究产业内部市场结构,主体市场行为,整个产业的市场绩效的理论。该理论着重突出市场结构的作用,认为市场结构是决定市场行为和市场绩效的关键因素,决定企业在市场中的行为,企业市场行为又决定经济绩效。

行业结构分析的内容主要有:各产品、各地区、各消费群的容量及结构变化。

2.波特五力模型分析

美国学者迈克尔·波特认为在一个行业中,存在着潜在的加入者、购买者、供应者、替代品和行业中现有竞争者五种基本的竞争力量。如图4-4所示。

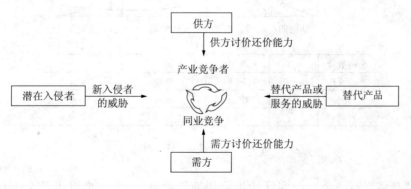

图 4-4　波特五力模型

六、行业竞争情况分析的主要内容和基本方法

(一)产业价值链

价值链理论由美国教授迈克尔·波特提出。他认为一般企业都可以视为一个由管理、设计、采购、生产、销售、交货等一系列创造价值的活动所组成的链条式集合体,企业内部各业务单元的联系构成了企业的价值链。根据企业与相应供应方和需求方的关系,将企业价值链分别向其前、后延伸就形成了产业价值链。

(二)行业竞争结构

迈克尔·波特认为,一个行业激烈竞争的局面源于其内存的竞争结构。一个行业内存在着潜在入侵者、替代产品、供方、需方以及行业内现有竞争者五种基本竞争力量。

七、行业生命周期分析的主要内容和基本方法

行业生命周期包括幼稚期、成长期、成熟期、衰退期。主要从公司数量、产品价格、利润、风险对四个生命周期进行分析,如图 4-5 所示。

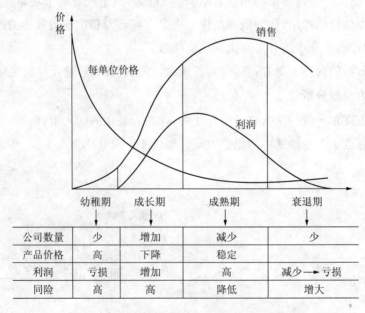

	幼稚期	成长期	成熟期	衰退期
公司数量	少	增加	减少	少
产品价格	高	下降	稳定	
利润	亏损	增加	高	减少→亏损
同险	高	高	降低	增大

图 4-5 行业生命周期分析

分析师具体判断一个行业实际的生命周期阶段时,一般考虑以下几个方面,如表 4-5 所示。

表 4-5　判断行业生命周期需要考虑的因素

因素	内容
产出增长率	成长期,产出增长率较高,成熟期以后降低,衰退期,行业低速运行或出现负增长态
行业规模	行业的市场容量经历"小－大－小"的进程,行业的资产总规模则出现"小－大－萎缩"的阶段
技术进步和技术成熟程度	行业的创新能力由强增长到逐步衰减,技术成熟程度经历"低－高－老化"的阶段
利润率水平	通常经历"低－高－稳定－低－严重亏损"的阶段
从业人员的职业化水平和工资福利收入水平	通常会经历"低－高－低"的阶段
开工率	行业处在成长或成熟期间,长时期开工充足体现了景气状态。衰退期一般体现为开工不足
资本进退	成熟期之前,企业数量及资本量的进入量大于退出量;成熟期,则企业表现为均衡;衰退期,表现为退出量超过进入量,行业规模萎缩,企业转产、倒闭时常发生

八、公司分析的主要内容

表 4-6　公司分析的主要内容

分析		内容
基本分析	公司行业地位分析	产品的市场占有率是衡量公司行业竞争地位的主要指标
	公司经济区位分析	可以从区位内政府的产业政策、自然条件与基础条件及经济特色的角度进行分析
	公司产品竞争能力分析	需要对公司产品的市场占有情况、成本优势、技术优势、质量优势、产品的品牌战略进行分析
	公司经营能力分析	这主要从公司法人治理结构的健全性、公司经理层素质的高低、公司从业人员素质和创新能力进行分析
	公司盈利能力和公司成长性分析	包括公司盈利预测、公司经营战略、公司规模变动特征及扩张潜力
	公司偿债能力分析	通常包括短期偿债能力分析和长期偿债能力分析

分析	内容
财务分析	包括公司主要的财务报表分析、公司财务比率分析、会计报表附注分析和财务状况综合分析
重大事项分析	包括《上市公司信息披露管理办法》规定的重大事件、公司的资产重组、公司的关联交易、会计政策和税收政策的变化

九、公司财务报表分析的主要方法

（一）财务报表的比较分析法

比较分析法是指对两个或几个有关的可比数据进行对比，揭示财务指标的差异和变动关系。最常用的有单个年度的财务比率分析、对公司不同时期的财务报表比较分析、与同行业其他公司之间的财务指标比较分析三种。

（二）财务报表的因素分析法

因素分析法是指依据分析指标和影响因素的关系，从数量上确定各因素对财务指标的影响程度。

十、主要财务比率指标分析

（一）公司资本结构、偿债能力、盈利能力指标

公司资本结构、偿债能力、盈利能力指标的计算公式和意义如表 4-7 所示。

表 4-7　资本结构、偿债能力、盈利能力指标的计算公式和意义

财务指标	具体比率指标	计算公式	意义
资本结构指标	股东权益比率	$\dfrac{股东权益总额}{资产总额} \times 100\%$	反映企业基本财务结构是否稳定
	资产负债比率	$\dfrac{负债总额}{资产总额} \times 100\%$	反映总资产中通过借债筹资的比例及企业在清算时对债权人利益的保护程度
	长期负债比率	$\dfrac{长期负债}{资产总额} \times 100\%$	反映企业总体债务状况
	股东权益与固定资产比率	$\dfrac{股东权益总额}{固定资产总额} \times 100\%$	反映公司财务结构稳定性

财务指标	具体比率指标	计算公式	意义
偿债能力指标	资产负债率	$\dfrac{负债总额}{资产总额}\times100\%$	反映在总资产中借债来筹资的比例及公司在清算时保护债权人利益的程度
	产权比率	$\dfrac{负债总额}{股东权益}\times100\%$	反映由债权人与股东提供的资本的相对关系、公司基本财务结构的稳定性
	有形资产净值债务率	$\dfrac{负债总额}{股东权益-无形资产净值}\times100\%$	反映公司清算时债权人投入的资本受到股东权益的保障程度
	已获利息倍数	$\dfrac{息税前利润}{利息费用}\times100\%$	反映公司支付利息的能力
	长期债务与营运资金比率	$\dfrac{长期负债}{流动资产-流动负债}\times100\%$	比率越低,债权人贷款越有安全保障,否则相反
盈利能力指标	营业净利率	$\dfrac{净利润}{营业收入}\times100\%$	反映单位营业收入带来的净利润
	营业毛利率	$\dfrac{营业收入-营业成本}{营业收入}\times100\%$	反映单位营业收入扣除营业成本后,可以用于各项期间费用和形成盈利的比例
	资产净利率	$\dfrac{净利润}{平均资产总额}\times100\%$	反映公司资产利用的综合效果
	净资产收益率	$\dfrac{净利润}{净资产}\times100\%$	反映公司所有者权益的投资报酬率

(二)营运能力、成长能力指标

营运能力、成长能力指标的计算公式和意义如表4-8所示。

表4-8　营运能力、成长能力指标的公式和意义

财务指标	具体比率指标	计算公式	意义
营运能力指标	存货周转率	$\dfrac{营业成本}{平均存货}$	反映存货管理水平,公司的变现能力
	存货周转天数	$\dfrac{360}{存货周转率}$	反映存货管理水平,公司的变现能力
	应收账款周转率	$\dfrac{营业收入}{平均应收账款}$	反映年度内应收账款转为现金的平均次数,衡量应收账款流动的速度

财务指标	具体比率指标	计算公式	意义
营运能力指标	应收账款周转天数	$\dfrac{360}{应收账款周转率}$	反映公司从取得应收账款的权利到收回款项转换为现金所需要的时间
	流动资产周转率	$\dfrac{营业收入}{平均流动资产}$	反映流动资产的周转速度
	总资产周转率	$\dfrac{营业收入}{平均资产总额}$	反映资产总额的周转速度
成长能力指标	主营业务增长率	$\dfrac{本期主营业务收入-上期主营业务收入}{上期主营业务收入}$	衡量公司的成长性
	主营利润增长率	$\dfrac{本期主营业务利润-上期主营业务利润}{上期主营业务利润}$	一般来说,主营利润稳定增长且占利润总额的比例呈增长趋势的公司正处在成长期
	净利润增长率	$\dfrac{本年净利润-上年净利润}{上年净利润}$	比率较大,表明公司经营业绩越突出,市场竞争能力越强,否则反之
	股本比重	$\dfrac{股本(注册资金)}{股东权益总额}$	反映企业扩展能力大小
	固定资产比重	$\dfrac{固定资产总额}{资产总额}$	衡量企业的生产能力,增产潜能
	利润保留率	$\dfrac{税后利润-应发股利}{税后利润}$	反映企业税后利润的留存程度,扩展能力和补亏能力。该比率越大,企业扩展能力越大,否则相反
	再投资率	$\dfrac{税后利润-应付利润}{股东权益}$	该比率越大,说明企业在本期获利大,今后的扩展能力强,否则相反

(三)现金流量指标

现金流量指标的计算公式和意义如表 4-9 所示。

表 4-9 现金流量指标的公式和意义

财务指标	具体比率指标	计算公式	意义
流动性指标	现金到期债务比	$\dfrac{经营现金净流量}{本期到期的债务}$	反映公司偿还债务的能力
	现金债务总额比	$\dfrac{经营现金净流量}{债务总额}$	比值越高,表明公司承担债务的能力越强,体现了企业最大付息能力
	现金流动负债比	$\dfrac{经营现金净流量}{流动负债}$	比值越高,表明公司承担债务的能力越强,体现了企业最大付息能力
获取现金能力指标	营业现金比率	$\dfrac{经营现金净流量}{营业收入}$	反映单位营业收入得到的净现金,数值越大越好
	全部资产现金回收率	$\dfrac{经营现金净流量}{资产总额}$	反映公司资产产生现金的能力
	每股营业现金净流量	$\dfrac{经营现金净流量}{普通股股数}$	反映公司最大的分派股利能力,超过此限度,就要借款分红
财务弹性指标	现金股利保障倍数	$\dfrac{每股营业现金净流量}{每股现金股利}$	比率越大,说明支付现金股利的能力越强,否则相反
	现金满足投资比率	$\dfrac{近5年经营活动现金净流量}{近5年资本支出+存货增加+现金股利}$	比率越大,表明资金自给率越高。达到1,表明公司可以用经营活动获取的现金扩充所需资金
收益质量指标	营运指数	$\dfrac{经营现金净流量}{经营所得现金}$	营运指数小于1,说明收益质量不够好,否则相反

十一、公司杜邦分析

表 4-10 公司杜邦分析

项目	内容
含义	指利用几种主要的财务比率之间的关系来评价公司赢利能力和股东权益回报水平,从财务角度评价企业绩效的方法

项目	内容
特点	是将若干个用以评价企业经营效率和财务状况的比率按其内在联系有机地结合起来,形成一个完整的指标体系,并最终通过权益收益率来综合反映
应用	①使财务比率分析的层次更清晰、条理更突出,方便报表分析者全面仔细地了解企业的经营和盈利状况; ②有助于企业管理层更加清晰地看到决定权益基本收益率的因素,销售净利润与债务比率、总资产周转率间的关系,考察公司资产管理效率和是否最大化股东投资回报
基本思路	①权益净利率:是杜邦分析系统的核心; ②资产净利率:资产净利率取决于销售净利率和总资产周转率的高低; ③权益乘数:资产负债率越高,权益乘数越大,则公司负债程度越高,杠杆利益越多,风险也越高;否则相反
财务指标关系	①净资产收益率(ROE)=资产净利率(净利润/总资产)×权益乘数(总资产/总权益资本) ②资产净利率(净利润/总资产)=销售净利率(净利润/营业总收入)×资产周转率(营业总收入/总资产) ③净资产收益率(ROE)=销售净利率(NPM)×资产周转率(AU,资产利用率)×权益乘数(EM)
局限性	①过分重视短期财务结果,忽略企业长期的价值创造; ②无法分析顾客、供应商、雇员、技术创新等对企业经营业绩的影响; ③不能解决无形资产的估值问题

十二、公司分红派息

表 4-11 公司分红派息

项目	内容
含义	指公司以税后利润,在弥补以前年度亏损、提取法定公积金及任意公积金后,将剩余利润以现金或股票的方式,按股东持股比例或按公司章程规定的办法进行分配的行为
交付方式	支付现金、向股东送股、实物分派
四个重要日期	①股息宣布日,指公司董事会将分红派息的消息公布于众的时间; ②股权登记日,指统计确认参加本次股息红利分配的股东的日期,股权登记日当天持有或买进公司股票的股东方能享受股利发放; ③除权除息日,通常为股权登记日之后的一个工作日,本日之后(含本日)买入的股票不再享有本期股利; ④发放日,即股息正式发放给股东的日期

续表

项目	内容
一般程序	①董事会根据公司的盈利水平和股息政策确定股利分派方案,提交股东大会和主管机关审议; ②董事会根据审议的结果向社会公告分红派息方案,并规定股权登记日; ③发行公司所在地的股权登记机构按分红派息方案向上市公司收取红股和现金股息
送红股	送红股是上市公司按比例无偿向股民赠送一定数额的股票。沪市所送红股在股权登记日后的第一个交易日—除权日即可上市流通;深市所送红股在股权登记日后第三个交易日上市流通

十三、证券估值在公司未来财务预测中的应用分析

(1)证券估值是证券交易的前提和基础;

(2)证券估值可以成为证券交易的结果。

十四、证券估值方法的主要类型

(一)绝对估值

绝对估值是指通过对证券基本财务要素的计算和处理得出该证券的绝对金额。各种基于现金流贴现的方法均属此类,如表 4-12 所示。

表 4-12 绝对估值法

模型	预期现金流	采用的贴现率
红利贴现模型	预期红利	必要回报率
企业自由现金流贴现模型	企业自由现金流	加权平均资本成本
股东现金流贴现模型	股东自由现金流	必要回报率
经济利润估值模型	经济利润	加权平均资本成本

(二)相对估值

相对估值是指运用证券的市场价格与某个财务指标之间存在的比例关系对证券进行估值,包括常见的市盈率、市净率、市售率、市值回报增长比等,如表 4-13 所示。

表 4-13　相对估值法

指标	指标简称	适用行业或企业	不适用行业或企业
市盈率	P/E	周期性较弱企业、一般制造业、服务业	亏损公司、周期性公司
市净率	P/B	周期性公司、重组型公司	重置成本变动较大的公司、固定资产较少的服务行业
市销率	P/S	销售收入和利润率较稳定的公司	销售不稳定的公司
经济增加值与利息折旧摊销前收入比	EV/EBIDA	资本密集、准垄断或具有巨额商誉的收购型公司	固定资产更新变化较快的公司
市值回报增长比	PEG	IT 等成长性行业	成熟行业

(三)资产价值

资产价值是指根据企业资产负债表的编制原理,利用权益价值＝资产价值－负债价值的关系,评估出三个因素中的两个,计算资产价值的方法。常用方法包括重置成本法和清算价值法,分别适用于可以持续经营的企业和停止经营的企业。

(四)其他估值方法

1.无套利定价

无套利定价指相同的商品在同一时刻只能以同样的价格出售,否则市场参与者就会低买高卖,最终使得价格趋同。

2.风险中性定价

风险中性定价指假设投资者对风险均持中性态度,不存在不同的风险偏好,采用无风险利率作为贴现率,以简化分析过程。

十五、股息贴现模型和股息增长模型等绝对估值方法

(一)股息贴现模型

1.一般公式

$$V = \frac{D_1}{1+k} + \frac{D_2}{(1+k)^2} + \frac{D_3}{(1+k)^3} + \cdots + \frac{D_\infty}{(1+k)^\infty}$$
$$= \sum_{t=1}^{\infty} \frac{D_t}{(1+k)^t}$$

式中:V 为股票在期初的内在价值;D_t 为时期 t 末以现金形式表示的每股股息;k 为一定风险程度下现金流的适合贴现率,即必要收益率。

根据公式,可以引出净现值的概念。净现值(NPV)等于内在价值(V)与成本(P)之差,即:

$$NPV = V - P = \sum_{t=1}^{\infty} \frac{D_t}{(1+k)^t} - P$$

式中:P 为在 $t=0$ 时购买股票的成本。

若 $NPV<0$,则所有预期的现金流入的现值之和小于投资成本,股票价格被高估,不可购买这种股票。

若 $NPV>0$,则所有预期的现金流入的现值之和大于投资成本,股票被低估价格,可购买这种股票。

2. 内部收益率

内部收益率是指使得投资净现值等于零的贴现率。如果用 k^* 代表内部收益率,根据内部收益率的定义可得下式:

$$P = \sum_{t=1}^{\infty} \frac{D_t}{(1+k^*)^t}$$

内部收益率实际上是使得未来股息流贴现值恰好等于股票市场价格的贴现率。由此可以解出内部收益率 k^*。

若 $k^*>k$,可以考虑购买这种股票;若 $k^*<k$,则考虑不要购买这种股票。

(二)股息增长模型

1. 零增长模型

(1)公式

$$V = \frac{D_0}{k}$$

式中:V 为股票的内在价值;D_0 为未来每期支付的每股股息;k 为必要收益率。

(2)内部收益率

用证券的当前价格 P 代替 V,用 k^*(内部收益率)替换 k,进行转换,可得:

$$k^* = \frac{D_0}{P} \times 100\%$$

(3)应用

零增长模型的应用受到相当的限制,特定情况下,可用于决定优先股的内在价值。

2. 不变增长模型

假设股息按照不变的增长率增长。

(1)公式

$$V = \frac{D_1}{k-g}$$

(2)内部收益率

用股票的市场价格 P 代替 V；其次，用 k^* 代替 k，经变换可得公式为：

$$k^* = \left(D_0 \frac{1+g}{P} + g \right) \times 100\% = \left(\frac{D_1}{P} + g \right) \times 100\%$$

(3)应用

不变增长模型很多情况下仍然是不现实的，但作为多元增长模型的基础，仍极为重要。

3. 可变增长模型

(1)二元可变增长模型公式

$$V = \sum_{t=1}^{L} D_0 \frac{(1+g_1)^t}{(1+k)^t} + \sum_{t=L+1}^{\infty} D_L \frac{(1+g_2)^{t-L}}{(1+k)^t}$$

$$= \sum_{t=1}^{L} D_0 \frac{(1+g_1)^t}{(1+k)^t} + \frac{1}{(1+k)^L} \times \sum_{t=L+1}^{L} D_L \frac{(1+g_2)^{t-L}}{(1+k)^{t-L}}$$

$$= \sum_{t=1}^{L} D_0 \frac{(1+g_1)^t}{(1+k)^t} + \frac{1}{(1+k)^L} \times \frac{D_{L+1}}{k-g_2}$$

$$D_{L+1} = D_0 (1+g_1)^t (1+g_2)$$

假定在时间 L 以前，股息以一个速度 g_1 增长；时间 L 后，股息以速度 g_2 增长。

(2)内部收益率

用股票的市场价格 P 代替 V，k^* 代替 k，采取试错法来计算 k^*。

试错法的主要思路是，先估计一个收益率水平 k^*，将其代入可变增长模型中。若计算出在此收益率水平下股票的理论价值低于股票的市场价格，则认为估计的收益率水平高于实际的内部收益率 k^*。反之，则低于实际的内部收益率 k^*。通过反复试错，将所估计的收益率水平逐步逼近实际的内部收益率水平。

(3)应用

阶段增长模型较为接近实际情况，可构建三阶段甚至多阶段增长模型。

十六、市盈率和资本资产定价模型等相对估值法

(一)市盈率估价方法

其计算公式为：

$$市盈率 = \frac{每股价格}{每股收益}$$

1. 简单估计法

这一方法主要利用历史数据进行估计，包括：

(1)算术平均数法或中间数法

算术平均法是指将股票各年的市盈率历史数据排成序列，剔除异常数据，求取算术平均数或是中间数，用来作为对未来市盈率的预测。适用于市盈率比较稳定的股票。

（2）趋势调整法

趋势调整法是根据方法（1）求得市盈率的一个估计值,再分析市盈率时间序列的变化趋势,以画趋势线的方法求得一个增减趋势的量的关系式,最后对上面的市盈率的估计值进行修正的方法。

（3）回归调整法

回归调整法是根据方法（1）求出一个市盈率的估计值,然后对下一年的市盈率作如下预测:市盈率高于估计值,就认为下一年的市盈率值将会向下调整;反之,则认为会向上调整的方法。

2. 市场决定法

（1）市场预期回报率倒数法

假设条件:在不变增长模型中,

①公司利润内部保留率为固定不变的 b;

②再投资利润率为固定不变的 r,股票持有者的预期回报率与再投资利润率相当。

$$P_0 = \frac{D_0(1+g)}{r-br}$$

$$r = k = \frac{D_0(1+g)}{(1-b)P_0} = \frac{D_1}{(1-b)P_0} = \frac{E_1}{P_0}$$

$$D_1 = (1-b)E_1$$

可以看出,股票持有者预期的回报率恰好是市盈率的倒数。可通过对各种股票市场预期回报率的分析预测市盈率。

（2）市场归类决定法

在有效市场的假设下,选取风险结构类似的公司求取市盈率的平均数,以此作为市盈率的估计值。

3. 回归分析法

回归分析方法是指利用回归分析的统计方法,通过考察股票价格、收益、增长、风险、货币的时间价值和股息政策等各种因素变动与市盈率之间的关系,得出能够最好解释市盈率与这些变量间线性关系的方程,进而根据这些变量的给定值对市盈率大小进行预测的分析方法。

（二）资本资产定价模型相对估值法

根据资本资产定价模型,经推导可得均衡期初价格的计算公式为:

$$均衡的期初价格 = \frac{E(股息+期末价格)}{1+E(r_i)}$$

若实际价格低于均衡价格,则该证券是廉价证券,应购买;否则,应卖出。

第二节 技术分析

一、技术分析的基本假设与相关图形

(一)技术分析的基本假设

表 4-14 技术分析的基本假设

基本假设	主要思想
市场行为涵盖一切信息	任何一个影响证券市场的因素,最终都必然体现在股票价格的变动上
证券价格沿趋势移动	证券价格的变动是有一定规律的,具有保持原来运动方向的惯性,而证券价格的运动方向是由供求关系决定的
历史会重演	该假设认为历史资料概括出来的规律已经包含了未来证券市场的一切变动趋势,即可以根据历史预测未来

(二)技术分析使用的相关图形

1.线形图

线形图是指以所定的股价频率即交易时间(如果预测短期趋势,则以日、周为时间单位;中期趋势则以月、季为时间单位;长期趋势则以年为时间单位)作为横坐标,以股价(个股图一般运用收盘价;大势图则采用股价平均数和股价指数)作为纵坐标的坐标图,如图 4-6所示。

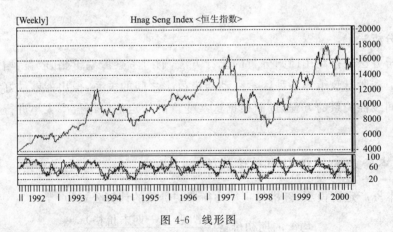

图 4-6　线形图

2.棒形图

棒形图以竖棒来表现股票价格的高低,在画线时,有两种不同的画法:

(1)竖棒的顶部为最高价,底部为最低价,竖棒左边的横线代表开盘价,右边的横线代表收盘价。

（2）只画收盘价，不画开盘价。棒体越长，表明当日的股票成交价格起伏越大；反之，则价格起伏小。如图4-7所示。

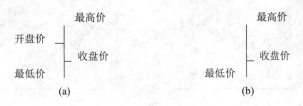

图 4-7 棒形图

3. 阴阳矩形图

阴阳矩形图又称为"K线图"，是以每个分析周期的开盘价、最高价、最低价和收盘价绘制而成。如图4-8所示。

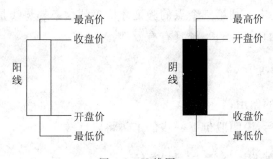

图 4-8 K线图

如果收盘价格高于开盘价格，则K线被称为阳线，用空心的实体表示。反之称为阴线，用黑色实体或白色实体表示。在国内股票和期货市场，通常用红色表示阳线，绿色表示阴线。最高价和实体之间的线被称为上影线，最低价和实体间的线称为下影线。

4. 点数图

点数图是利用带方格的图表来记录、分析和预测市场交易价格变动趋势的图表。用"○"代表下降，"×"代表上升。当由"○"转"×"时，买入，由"×"转"○"时，卖出。

二、技术分析的趋势线

（一）趋势线的含义

趋势线是表示证券价格变化趋势的直线。

反映价格向上波动发展的趋势线称为上升趋势线；反映价格向下波动发展的趋势线称为下降趋势线。描述价格变动的趋势线也分为长期趋势线、中期趋势线与短期趋势线三种。

（二）趋势线的画法

在上升趋势中，将两个低点连成一条直线，就得到上升趋势线；在下降趋势中，将两个高

点连成一条直线,就得到下降趋势线。标准的趋势线必须由两个以上的高点或低点连接而成。如图 4-9 中的直线 L 所示。

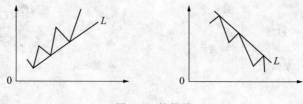

图 4-9　趋势线

(三)趋势线的确认条件

(1)必须确实有趋势存在;

(2)画出直线后,还应得到第三个点的验证才能确认这条趋势线是有效的;

(3)这条直线延续的时间越长,越具有有效性。

(四)趋势线的作用

(1)起支撑和压力的作用;

(2)趋势线被突破后,说明股价下一步的走势将要反转。

三、技术分析的阻力位与支撑位

支撑线由多个支撑位组成;压力线也称阻力线,由多个阻力位组成。

(一)支撑线和压力线的含义

(1)支撑线是指当股价下跌到某价位附近时,出现买方增加、卖方减少的情况,使股价停止下跌的直线。

(2)压力线是指当股价上涨到某价位附近时,出现卖方增加、买方减少的情况,使股价停止上涨的直线。

(二)支撑线和压力线的作用

支撑线和压力线的作用是阻止或暂时阻止股价朝一个方向继续运动。

(三)支撑线和压力线的相互转化

一条支撑线如果被跌破,则成为压力线;一条压力线被突破,则成为支撑线。

(四)支撑线和压力线的确认和修正

对支撑线和压力线的修正过程是对现有各个支撑线和压力线重要性的确认。一条支撑

线或压力线对当前影响的重要性有三个方面的考虑：

(1)股价在这个区域停留时间的长短；

(2)股价在这个区域伴随的成交量大小；

(3)这个支撑区域或压力区域发生的时间距离当前这个时期的远近。

四、常用技术分析指标

(一)移动平均数(MA)

1. MA 的计算公式

移动平均可分为算术移动平均线(SMA)、加权移动平均线(WMA)和指数平滑移动平均线(EMA)三种。在实际应用中常使用指数平滑移动平均线[EMA(N)]，其计算公式为：

$$EMA_t(N) = C_t \times \frac{1}{N} + EMA_{t-1} \times \frac{N-1}{N}$$

式中：C_t为计算期中第 t 日的收盘价；EMA_{t-1}为第 $t-1$ 日的指数平滑移动平均数。

天数 N 是 MA 的参数，例如 10 日的 MA 简称为 10 日线，表示为 MA(10)。

2. MA 的特点

包括：①追踪趋势；②滞后性；③稳定性；④助涨助跌性；⑤支撑线和压力线的特性。

3. MA 的应用法则

在 MA 的应用上，最常见的是葛兰威尔的移动平均线八大买卖法则。如图 4-10 所示。

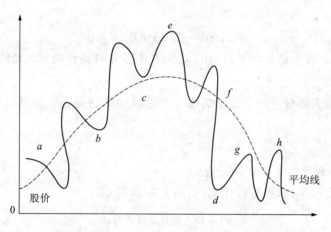

图 4-10　葛兰威尔买卖八大法则

葛兰威尔法则的内容是：

(1)MA 从下降开始走平，股价从下上穿平均线(a 点处)；股价跌破平均线，但平均线呈上升态势(b 点处)；股价连续上升远离平均线，突然下跌，但在平均线附近(c 点处)再度上升；股价跌破平均线，并连续暴跌，远离平均线(d 点处)。以上四种情况均为买入信号。

(2)移动平均线呈上升状态，股价突然暴涨且远离平均线(e 点处)；平均线从上升转为盘

局或下跌,而股价向下跌破平均线(f 点处);股价走在平均线之下,且朝着平均线方向上升,但未突破平均线又开始下跌(g 点处);股价向上突破平均线,但又立刻向平均线回跌,此时平均线仍持续下降(h 点处)。以上四种情况均为卖出信号。

4. MA 的组合应用

当现在价位站稳在长期与短期 MA 之上,短期 MA 又向上突破长期 MA 时,为买进信号,此种交叉称为黄金交叉;反之,则为卖出信号,交叉称之为死亡交叉。黄金交叉和死亡交叉,实际上就是向上突破压力线或向下突破支撑线。如图 4-11 所示。

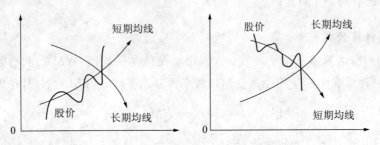

图 4-11　移动平均线的交叉

(二)相对强弱指数 RSI

相对强弱指数是通过比较一段时期内的平均收盘涨数和平均收盘跌数来分析市场买沽盘的意向和实力,从而作出未来市场的走势。

1. 计算公式

$$RSI(n) = A/(A+B) \times 100$$

其中,A 表示 n 日中估价向上波动的大小;B 表示 n 日估价向下波动的大小;$A+B$ 表示股价总的波动大小。

RSI 实际上是表示股价向上波动的幅度占总波动的百分比。如果比例大就是强市,否则就是弱市。

2. 应用法则

(1)根据 RSI 取值的大小判断行情

RSI 取值的大小不同,投资操作不同,如表 4-15 所示。

表 4-15　划分区域的方法

$RSI(n)$	市场特征	投资操作
80～100	极强	卖出
50～80	强	买入
20～50	弱	卖出
0～20	极弱	买入

(2)从 RSI 的曲线形状判断行情

当 RSI 在较高或较低的位置形成头肩形和多重顶(底),是采取行动的信号。这些形态一定要出现在较高位置和较低位置,离 50 越远,结论越可靠。

(3)从 RSI 与股价的背离方面判断行情

RSI 处于高位,并形成一峰比一峰低的两个峰,而此时,股价却对应的是一峰比一峰高,为顶背离,是比较强烈的卖出信号。与此相反的是底背离:RSI 在低位形成两个底部抬高的谷底,而股价还在下降,是可以买入的信号。

(三)移动平均值背离指标 MACD

1.计算公式

MACD 是由正负差(DIF,也称离差值)和异同平均数(DEA)两部分组成,DIF 是核心,DEA 是辅助。

$$\text{今日 EMA(12)} = \frac{2}{12+1} \times \text{今日收盘价} + \frac{11}{12+1} \times \text{昨日 EMA(12)}$$

$$\text{今日 EMA(26)} = \frac{2}{26+1} \times \text{今日收盘价} + \frac{25}{26+1} \times \text{昨日 EMA(26)}$$

$$\text{DIF} = \text{EMA(12)} - \text{EMA(26)}$$

$$\text{今日 DEA(MACD)} = \frac{2}{10} \times \text{今日 DIF} + \frac{8}{10} \times \text{昨日 DEA}$$

2.应用法则

(1)以 DIF 和 DEA 的取值和这两者之间的相对取值对行情进行预测

①DIF 和 DEA 均为正值时,属多头市场。DIF 向上突破 DEA 是买入信号;DIF 向下跌破 DEA 只能认为是回落,做获利了结。

②DIF 和 DEA 均为负值时,属空头市场。DIF 向下突破 DEA 是卖出信号;DIF 向上穿破 DEA 只能认为是反弹,做暂时补空。

③当 DIF 向下跌破零轴线时,此为卖出信号,即 12 日 EMA 与 26 日 EMA 发生死亡交叉;当 DIF 上穿零轴线时,为买入信号,即 12 日 EMA 与 26 日 EMA 发生黄金交叉。

(2)指标背离原则

①当股价走势出现 2 个或 3 个近期低点时,而 DIF(DEA)并不配合出现新低点,可做买。

②当股价走势出现 2 个或 3 个近期高点时,而 DIF(DEA)并不配合出现新高点,可做卖。

五、道氏理论和艾氏波浪理论两种技术分析方法

1. 道氏理论

表 4-16　道氏理论

项目	内容
主要原理	①市场平均价格指数可以解释和反映市场的大部分行为； ②市场波动具有某种趋势； ③主要趋势有三个阶段，以上升趋势为例，分为累积阶段、上涨阶段、市场价格达到顶峰后出现的又一个累积期； ④工业平均指数和运输业平均指数必须相互加强； ⑤趋势必须得到交易量的确认； ⑥一个趋势形成后将持续，直到趋势出现明显的反转信号
应用及应注意的问题	①道氏理论对大形势的判断有较大的作用； ②无法判断小波动，次要趋势； ③可操作性较差

2. 艾氏波浪理论

表 4-17　艾氏波浪理论

项目	内容
形成过程	最初由艾略特首先发现并应用于证券市场，但没有形成完整的体系，正式确立于柯林斯《波浪理论》的出版
基本思想	艾略特认为，由于证券市场是经济的晴雨表，而经济发展具有周期性，所以股价的上涨和下跌也应该遵循周期发展的规律
考虑因素	①股价走势所形成的形态； ②股价走势图中各个高点和低点所处的相对位置； ③完成某个形态所经历的时间长短
价格走势的基本形态结构	艾略特发现每一个周期（无论是上升还是下降）可以分成 8 个小的过程
缺点	①难以理解应用；②面对同一个形态，不同的人会产生不同的数法

六、技术分析方法的分类及其特点

表 4-18 技术分析方法的分类及其特点

分类	特点
指标类	是根据价、量的历史资料,通过建立一个数学模型,给出数学上的计算公式,得到一个体现证券市场的某个方面内在实质的指标值。常见的指标有相对强弱指标、随机指标、趋向指标、平滑异同移动平均线、能量潮、心理线、乖离率等
切线类	是按一定方法和原则,在根据股票价格数据所绘制的图表中画出一些直线,然后根据这些直线的情况推测股票价格的未来趋势,为投资操作提供参考。常见的切线有趋势线、轨道线、黄金分割线、甘氏线、角度线等
形态类	根据价格图表中过去一段时间走过的轨迹形态来预测股票价格未来趋势的方法。主要的形态有 M 头、W 底、头肩顶、头肩底等十几种
K 线类	根据若干天的 K 线组合情况,推测证券市场中多空双方力量的对比,进而判断证券市场行情的方法。K 线图是进行各种技术分析最重要的图表
波浪类	是把股价的上下变动和不同时期的持续上涨、下跌看成是波浪的上下起伏,认为股票的价格运动遵循波浪起伏的规律,数清楚各个浪就能准确地预见到跌势已接近尾声、牛市即将来临,或是牛市已到了强弩之末、熊市即将来到

七、技术分析的应用前提、适用范围和局限性

表 4-19 技术分析的应用前提、适用范围和局限性

	内容
应用前提	①市场行为涵盖一切信息;②价格沿趋势移动;③历史会重演
适用范围	适用于预测未来一段较短时间的行情,对证券价格行为模式的判断有很大随意性
局限性	①技术分析所得到的结论不是绝对的命令,仅是一种建议,是以概率的形式出现的;②技术分析的三个假设有合理的一面,也有不尽合理的一面。

八、总体、样本和统计量的含义

(1)总体是指具有某一特征的研究对象的全体所构成的集合;

(2)样本是从总体中抽取部分个体所组成的集合;

(3)统计量是用来描述样本特征的概括性数字度量。

九、统计推断的参数估计和假设检验

(一)统计推断的参数估计

参数估计是指用样本统计量去估计总体的参数。

1. 点估计

点估计是指用样本统计量 $\hat{\theta}$ 的某个取值直接作为总体参数 θ 的估计值。

2. 区间估计

区间估计是在点估计的基础上,由样本统计量加减估计误差得到总体参数估计的一个区间范围,同时根据样本统计量的抽样分布计算出样本统计量与总体参数的接近程度。

(二)统计推断的假设检验

1. 假设检验的程序

(1)根据实际问题的要求提出一个论断,称为统计假设,记为 H_0;

(2)根据样本的有关信息,对 H_0 的真伪进行判断,作出拒绝 H_0 或接受 H_0 的决策。

2. 假设检验的基本思想

假设检验的基本思想是概率性质的反证法。概率性质的反证法的根据是小概率事件原理。

十、常用统计软件及其应用

表 4-20 常用统计软件及其应用

统计软件	应用
EViews	具有数据处理、作图、统计分析、建模分析、预测和模拟等功能,在建模分析方面,包括单方程的线性模型和非线性模型,联立方程计量经济学模型,时间序列分析模型,分布滞后模型,向量自回归模型,误差修正模型,离散选择模型等有多种估计方法
SPSS/PC	凡是有关的统计分析问题,均可以使用该软件包进行各种分析,特别适用于对截面资料或调查资料的数理统计分析
SAS	是集数据管理、数据分析和信息处理为一体的应用软件系统。作为一种集成软件,用户可以将各种模块适当组合以满足各自不同的需要。SAS 不仅能完成经典计量经济学模型的估计和检验,而且还可进行模型诊断
GAUSS	是用语言编写的应用软件,具有极强的矩阵运算功能,尤其适用于非线性计量经济学模型的估计。LSQ/GAUSS,即集中于基本计量经济学分析的 GAUSS 软件,在使用方便和计算快捷方面较其他软件具有明显的优越性

续表

统计软件	应用
PC-GIVE	主要用于动态计量经济学分析,包括经济数据的分析,计量经济学模型的评估,动态计量经济学模型的建立等主要功能。所提供的多种综合统计检验量可以帮助用户选择模型最合适的动态形式
Stata	具有数据管理软件、统计分析软件、绘图软件、矩阵计算软件和程序语言的特点,在平行数据分析方面具有优势,几乎具有所有计量经济学模型估计和检验的功能

过 关 演 练

一、选择题(以下备选项中只有一项符合题目要求)

1. 在凯恩斯学派的货币政策传导理论中,其传导机制的核心是( )。

A. 基础货币 B. 货币乘数

C. 利率 D. 货币供应量

【答案】C

【解析】凯恩斯学派的货币政策传导机制是:通过货币供给的增减影响利率,利率的变化则通过资本边际效益影响投资,而投资的增减进而影响总支出和总收入,这一传导机制的主要环节是利率。

2. 以下能够反映变现能力的财务指标是( )。

A. 资本化比率 B. 固定资产净值率

C. 股东收益比率 D. 保守速动比率

【答案】D

【解析】变现能力是公司产生现金的能力,它取决于可以在近期转变为现金的流动资产的多少,是考察公司短期偿债能力的关键。反映变现能力的财务比率主要有流动比率和速动比率。由于行业之间的差别,在计算速动比率时,除扣除存货以外,还可以从流动资产中去掉其他一些可能与当期现金流量无关的项目(如待摊费用等),以计算更进一步的变现能力,如采用保守速动比率。

3. 某公司去年股东自由现金流量为15000000元,预计今年增长5%,公司现有5000000股普通股发行在外,股东要求的必要收益率为8%,利用股东自由现金贴现模型计算的公司权益价值为( )元。

A. 300000000 B. 9375000

C. 187500000 D. 525000000

【答案】D

【解析】根据股东自由现金贴现模型,公司权益价值的计算步骤如下:①确定未来现金流:$FCFE_0 = 15000000$ 元,$g = 5\%$,$FCFE_1 = 15000000 \times (1+5\%) = 15750000$(元);②计算公司权益价值:$VE = FCFE_1 \div (k-g) = 15750000 \div (8\%-5\%) = 525000000$(元)。

4.当收盘价、开盘价、最高价、最低价相同的时候,K线的形状为( )。

    A.光头光脚阴线   B.光头光脚阳线

    C.一字形   D.十字形

【答案】C

【解析】A项,当开盘价高于收盘价,且开盘价等于最高价,收盘价等于最低价时,就会出现光头光脚阴线;B项,当收盘价高于开盘价,且收盘价等于最高价,开盘价等于最低价时,就会出现光头光脚阳线;D项,当开盘价等于收盘价,最高价大于开盘价,最低价小于收盘价时,就会出现十字形K线。

5.以下各种技术分析手段中,衡量价格波动方向的是( )。

    A.压力线   B.支撑线

    C.趋势线   D.黄金分割线

【答案】C

【解析】趋势线用来表示证券价格变化趋势的方向。反映价格向上波动发展的趋势线称为上升趋势线;反映价格向下波动发展的趋势线则称为下降趋势线。

6.证券X期望收益率为0.11,贝塔值是1.5,无风险收益率为0.05,市场期望收益率为0.09。根据资本资产定价模型,这个证券( )。

    A.被低估   B.被高估

    C.定价公平   D.价格无法判断

【答案】C

【解析】根据CAPM模型,其风险收益率$= 0.05 + 1.5 \times (0.09 - 0.05) = 0.11$,其与证券的期望收益率相等,说明市场给其定价既没有高估也没有低估,而是比较合理的。

7.移动平均线不具有( )特点。

    A.助涨助跌性   B.支撑线和压力线特性

    C.超前性   D.稳定性

【答案】C

【解析】移动平均线的特点包括:①追踪趋势;②滞后性;③稳定性;④助涨助跌性;⑤支撑线和压力线的特性。

8.关于证券投资的基本分析法,下列说法错误的是( )。

    A.以经济学、金融学、财务管理学及投资学等基本原理为依据

    B.对决定证券价值及价格的基本要素进行分析

    C.是根据证券市场自身变化规律得出结果的分析方法

    D.评估证券的投资价值,判断证券的合理价位,提出相应的投资建议

【答案】C

【解析】证券投资的分析方法有基本分析法和技术分析法,技术分析是根据证券市场自身变化规律得出结果的分析方法。

9.假设一个公司今年的EBIT(息税前利润)是100万元,折旧是20万元,营运资本增加了10万元,适用税率是40%,那么该公司今年的自由现金流量是(   )。

A.40万元 B.50万元

C.60万元 D.70万元

【答案】D

【解析】依题意,该公司今年的自由现金流量=息税前利润×(1-税率)+折旧和摊销-营运资本增加-资本支出=100×(1-40%)+20-10=70(万元)。

10.某公司年末会计报表上部分数据为:流动负债80万元,流动比率为3,速动比率为1.6,营业成本150万元,年初存货为60万元,则本年度存货周转率为(   )次。

A.1.60 B.2.50

C.3.03 D.1.74

【答案】D

【解析】流动资产=流动负债×流动比率=80×3=240(万元),速动资产=流动负债×速动比率=80×1.6=128(万元),年末存货=流动资产-速动资产=240-128=112(万元),则

$$存货周转率=\frac{营业成本}{平均存货}=\frac{150}{(112+60)\div 2}=1.74(次)$$

二、组合型选择题(以下备选项中只有一项最符合题目要求)

1.基本分析流派是指以(   )作为投资分析对象与投资决策基础的投资分析流派。

Ⅰ.宏观经济形势 Ⅱ.行业特征

Ⅲ.地区特征 Ⅳ.上市公司的基本财务数据

A.Ⅰ、Ⅱ、Ⅲ B.Ⅰ、Ⅱ、Ⅳ

C.Ⅰ、Ⅲ、Ⅳ D.Ⅱ、Ⅲ、Ⅳ

【答案】B

【解析】基本分析流派是指以宏观经济形势、行业特征及上市公司的基本财务数据作为投资分析对象与投资决策基础的投资分析流派。基本分析流派是目前西方投资界的主流派别。

2.宏观经济分析的基本方法有(   )。

Ⅰ.区域分析法 Ⅱ.行业分析法

Ⅲ.结构分析法 Ⅳ.总量分析法

A.Ⅰ、Ⅱ B.Ⅰ、Ⅱ、Ⅲ

C.Ⅱ、Ⅲ、Ⅳ D.Ⅲ、Ⅳ

【答案】D

【解析】宏观经济分析的基本方法包括两种:①总量分析法,是指对影响宏观经济运行总

量指标的因素及其变动规律进行分析,进而说明整个经济的状态和全貌;②结构分析法,是指对经济系统中各组成部分及其对比关系变动规律的分析。

3.以下说法正确的有(   )。

Ⅰ.行业经济是宏观经济的构成部分,宏观经济活动是行业经济活动的总和

Ⅱ.行业经济活动是微观经济分析的主要对象之一

Ⅲ.行业是决定公司投资价值的重要因素之一

Ⅳ.行业分析是对上市公司进行分析的前提,也是连接宏观经济分析和上市公司分析的桥梁,是基本分析的重要环节

A.Ⅰ、Ⅲ   B.Ⅱ、Ⅳ

C.Ⅰ、Ⅲ、Ⅳ   D.Ⅱ、Ⅲ、Ⅳ

【答案】C

【解析】Ⅱ项,行业经济活动是中观经济分析的主要对象之一。

4.基本分析法中的公司分析侧重于对(   )的分析。

Ⅰ.盈利能力   Ⅱ.发展潜力

Ⅲ.经营业绩   Ⅳ.潜在风险

A.Ⅰ、Ⅱ、Ⅲ   B.Ⅱ、Ⅳ

C.Ⅲ、Ⅳ   D.Ⅰ、Ⅱ、Ⅲ、Ⅳ

【答案】D

【解析】公司分析侧重对公司的竞争能力、盈利能力、经营管理能力、发展潜力、财务状况、经营业绩以及潜在风险等进行分析,借此评估和预测证券的投资价值、价格及其未来变化的趋势。

5.证券分析师在上市公司分析过程中需要关注(   )。

Ⅰ.上市公司本身

Ⅱ.其他上市公司

Ⅲ.与上市公司之间存在关联关系的非上市公司

Ⅳ.与上市公司之间存在收购行为的非上市公司

A.Ⅰ、Ⅱ、Ⅲ   B.Ⅰ、Ⅱ、Ⅳ

C.Ⅰ、Ⅲ、Ⅳ   D.Ⅱ、Ⅲ、Ⅳ

【答案】C

【解析】证券投资分析中公司分析的对象主要是指上市公司,但证券分析师对上市公司进行分析的过程中往往还关注一些与上市公司之间存在关联关系或收购行为的非上市公司。

6.影响证券市场供给的制度因素主要有(   )。

Ⅰ.发行上市制度   Ⅱ.市场设立制度

Ⅲ.上市公司质量   Ⅳ.股权流通制度

A.Ⅰ、Ⅱ、Ⅲ   B.Ⅰ、Ⅱ、Ⅳ

C．Ⅰ、Ⅲ、Ⅳ　　　　　　　　　　D．Ⅱ、Ⅲ、Ⅳ

【答案】B

【解析】Ⅲ项，上市公司质量不属于制度因素。

7．目前我国接近完全垄断市场类型的行业包括(　　)。

Ⅰ．煤气公司等公用事业

Ⅱ．计算机及相关设备制造业

Ⅲ．稀有金属矿藏的开采

Ⅳ．某些资本、技术高度密集型行业

A．Ⅰ、Ⅱ、Ⅲ　　　　　　　　　　B．Ⅰ、Ⅱ、Ⅳ

C．Ⅰ、Ⅲ、Ⅳ　　　　　　　　　　D．Ⅰ、Ⅱ、Ⅲ、Ⅳ

【答案】C

【解析】在当前的现实生活中没有真正的完全垄断型市场，每个行业都或多或少地引进了竞争。公用事业(如发电厂、煤气公司、自来水公司和邮电通信等)和某些资本、技术高度密集型或稀有金属矿藏的开采等行业属于接近完全垄断的市场类型。

8．在分析判断某个行业所处的实际生命周期阶段时，综合考察的内容包括(　　)。

Ⅰ．从业人员工资福利水平　　　　Ⅱ．行业股价表现

Ⅲ．开工率　　　　　　　　　　　Ⅳ．资本进退状况

A．Ⅰ、Ⅱ、Ⅲ　　　　　　　　　　B．Ⅰ、Ⅱ、Ⅳ

C．Ⅰ、Ⅲ、Ⅳ　　　　　　　　　　D．Ⅱ、Ⅲ、Ⅳ

【答案】C

【解析】分析师在具体判断某个行业所处的实际生命周期阶段的时候，往往会从以下几个方面进行综合考察：①行业规模；②产出增长率；③利润率水平；④技术进步和技术成熟程度；⑤开工率；⑥从业人员的职业化水平和工资福利收入水平；⑦资本进退。

9．不同行业受经济周期影响的程度会有差异，受经济周期影响较为明显的行业有(　　)。

Ⅰ．公用事业　　　　　　　　　　Ⅱ．钢铁

Ⅲ．生活必需品　　　　　　　　　Ⅳ．耐用消费品

A．Ⅰ、Ⅱ　　　　　　　　　　　　B．Ⅰ、Ⅲ

C．Ⅱ、Ⅲ　　　　　　　　　　　　D．Ⅱ、Ⅳ

【答案】D

【解析】钢铁、耐用消费品属于周期型行业，其运动状态与经济周期紧密相关。当经济处于上升时期，这些行业会紧随其扩张；当经济衰退时，这些行业也相应衰落，且该类型行业收益的变化幅度往往会在一定程度上夸大经济的周期性。

10．下列各项中，某行业(　　)的出现一般表明该行业进入了衰退期。

Ⅰ．产品价格不断下降

Ⅱ．公司经营风险加大

Ⅲ．公司的利润减少并出现亏损

Ⅳ.公司数量不断减少

A. Ⅰ、Ⅱ、Ⅲ
B. Ⅰ、Ⅱ、Ⅳ

C. Ⅱ、Ⅲ、Ⅳ
D. Ⅰ、Ⅱ、Ⅲ、Ⅳ

【答案】D

【解析】衰退期出现在较长的稳定期之后,由于大量替代品的出现,原行业产品的市场需求开始逐渐减少,产品的销售量也开始下降,某些厂商开始向其他更有利可图的行业转移资金,因而原行业出现了厂商数目减少、利润水平停滞不前或不断下降的萧条景象。至此,整个行业便进入了衰退期。

11.根据杜邦分析体系,下列哪些措施可以提高净资产收益率?(　　)

Ⅰ.提高营业利润率
Ⅱ.加快总资产周转率

Ⅲ.增加股东权益
Ⅳ.增加负债

A. Ⅰ、Ⅲ
B. Ⅰ、Ⅱ、Ⅳ

C. Ⅱ、Ⅳ
D. Ⅰ、Ⅱ、Ⅲ、Ⅳ

【答案】B

【解析】杜邦分析法中的几种主要的财务指标关系为:净资产收益率=销售净利率(净利润/营业总收入)×资产周转率(营业总收入/总资产)×权益乘数(总资产/总权益资本)。Ⅲ项,增加股东权益,权益乘数减小,所以,净资产收益率会降低。

12.宏观经济分析的主要目的是(　　)。

Ⅰ.把握证券市场的总体变动趋势

Ⅱ.掌握宏观经济政策对证券市场的影响力度和方向

Ⅲ.了解股票价、量变化的形成机理

Ⅳ.判断整个证券市场的投资价值

A. Ⅰ、Ⅱ
B. Ⅰ、Ⅱ、Ⅳ

C. Ⅰ、Ⅳ
D. Ⅱ、Ⅲ、Ⅳ

【答案】B

【解析】除Ⅰ、Ⅱ、Ⅳ三项外,宏观经济分析的意义还包括了解转型背景下宏观经济对股市的影响不同于成熟市场经济,了解中国股市表现和宏观经济相背离的原因。

第五章　风险管理

● ● ● ● ● ● ● ● ● ● ● ● 考情分析 ● ● ● ● ● ● ● ● ● ● ● ●

　　本章主要从信用风险、市场风险、流动风险三方面介绍了风险管理的基本内容。其中信用风险管理主要介绍了信用风险的类别、识别的内容和方法、客户评级和债项评级的内容和计量方法、监测信用风险的主要指标和计算方法、预警信用风险的程序和主要方法、控制信用风险的限额管理方法、信用风险缓释技术的主要内容及处理方法等；市场风险管理主要包括市场风险的类型、久期分析、风险价值、压力测试、情景分析的基本原理、市场风险管理流程、控制市场风险的限额管理、风险对冲等方法；流动风险管理详细介绍了资产负债期限结构、分布结构影响流动性的途径和机制、流动性风险的评估方法、监测指标和预警信号以及利用压力测试、情景分析预测流动性、控制流动性风险的主要做法等内容。

● ● ● ● ● ● ● ● ● ● ● ● 备考方法 ● ● ● ● ● ● ● ● ● ● ● ●

　　本章虽然涉及的知识点较多，但知识结构体系完整，框架清晰，考生应侧重于理解。建议考生通过大量做题来巩固和加深对本章知识的掌握程度，在近 3 次考试中，本章所占的分值约为 11 分。考生应理解信用风险的类别、识别方法、客户评级和债项评级的内容和计量方法、监测信用风险的主要指标和计算方法、预警信用风险的主要方法以及控制信用风险的限额管理方法；重点掌握市场风险的类型、久期分析、风险价值、压力测试、情景分析的基本原理等；熟悉资产负债期限结构、分布结构影响流动性的途径和机制、流动性风险的评估方法、监测指标和预警信号；对于控制市场风险的限额管理、风险对冲方法以及利用压力测试、情景分析预测、控制流动性风险的主要做法则要求考生熟练掌握和运用。

思维导图

```
风险管理
├── 信用风险管理
│   ├── 信用风险的类别
│   ├── 信用风险识别的内容和方法
│   ├── 客户评级和债项评级的内容和计量方法
│   ├── 监测信用风险的主要指标和计算方法
│   ├── 预警信用风险的程序和主要方法
│   ├── 控制信用风险的限额管理方法
│   └── 信用风险缓释技术的主要内容及处理方法
├── 市场风险管理
│   ├── 市场风险的类型
│   ├── 久期分析、风险价值、压力测试和情景分析
│   ├── 市场风险管理流程
│   └── 控制市场风险的限额管理、风险对冲等方法
└── 流动风险管理
    ├── 资产负债期限结构影响流动性的途径和机制
    ├── 资产负债分布结构影响流动性的途径和机制
    ├── 主要的流动性风险评估方法
    ├── 流动性风险的监测指标和预警信号
    ├── 利用压力测试、情景分析预测流动性
    └── 控制流动性风险的主要做法
```

考点精讲

第一节　信用风险管理

一、信用风险类别

信用风险是指债务人或交易对手未能履行合同所规定的义务或信用质量发生变化,影响金融产品价值,从而给债权人或金融产品持有人造成经济损失的风险。具体类别如表5-1所示。

表 5-1　信用风险类别

类别	描述
违约风险	指债务人由于种种原因不能按期还本付息,不履行债务契约的风险,风险的高低与收益或损失的高低呈正相关关系

续表

类别	描述
市场风险	指资金价格的市场波动造成证券价格下跌的风险。期限越长的证券,对利率波动越敏感,市场风险也越大
收入风险	指人们运用长期资金作多次短期投资时实际收入低于预期收入的风险
购买力风险	指未预期的高通货膨胀率所带来的风险

二、信用风险识别的内容和方法

进行信用风险识别,应从三方面入手,具体如表5-2所示。

表 5-2　信用风险识别的内容和方法

内容	方法
基本信息分析	应当要求客户提供基本资料,并对客户提供的身份证明、授信主体资格、财务状况等资料的合法性、真实性和有效性进行认真核实,对于中长期授信,还需要对资金来源及使用情况、预期资产负债情况、损益情况、项目建设进度及营运计划等作出预测和分析
财务状况分析	对法人客户的财务状况分析主要采取财务报表分析、财务比率分析以及现金流量分析三种方法。其中,财务报表分析应特别关注以下内容:①识别和评价财务报表风险;②识别和评价经营管理状况;③识别和评价资产管理状况;④识别和评价负债管理状况
非财务因素分析	考察和分析企业的非财务因素,主要从管理层风险、行业风险、生产与经营风险、宏观经济、社会及自然环境等方面进行分析和判断

三、计量证券信用风险的客户评级和债项评级的内容和计量方法

(一)客户评级

1.基本概念

客户评级是对客户偿债能力和偿债意愿的计量和评价,反映客户违约风险的大小

(1)违约

违约是估计违约概率、违约损失率、违约风险暴露等信用风险参数的基础。

(2)违约概率

违约概率是指借款人在未来一定时期内发生违约的可能性。在巴塞尔新资本协议中,违约概率一般被定义为借款人内部评级1年期违约概率与0.03%中的较高者。

2.客户信用评级的计量方法

（1）专家判断法

专家判断法是依赖高级信贷人员和信贷专家自身的专业知识、技能和丰富经验，运用各种专业性分析工具，在分析评价各种关键要素基础上依据主观判断来综合评定信用风险的分析系统。

（2）信用评分模型

信用评分模型是利用可观察到的借款人特征变量计算出一个数值（得分）来代表债务人的信用风险，并将借款人归类于不同的风险等级。对个人客户而言，可观察到的特征变量包括收入、资产、年龄、职业以及居住地等；对法人客户而言，包括现金流量、各种财务比率等。应用最广泛的信用评分模型有线性概率模型、Logit 模型、Probit 模型和线性辨别模型。

（3）违约概率模型

违约概率模型能够直接估计客户的违约概率，需积累至少五年的数据。

（二）债项评级

债项评级是对交易本身的特定风险进行计量和评价。特定风险因素包括抵押、优先性、产品类别、地区、行业等。

1.违约风险暴露

违约风险暴露是指债务人违约时预期表内项目和表外项目的风险暴露总额。

若客户已经违约，则违约风险暴露为其违约时的债务账面价值；若客户尚未违约，则违约风险暴露对于表内项目为债务账面价值，对于表外项目为：已提取金额＋信用转换系数×已承诺未提取金额。

2.违约损失率

违约损失率指估计的某一债项违约后损失的金额占该违约债项风险暴露的比例。

四、监测信用风险的主要指标和计算方法

表 5-3　监测信用风险的主要指标和计算方法

主要指标	计算方法
不良资产/贷款率	不良贷款率＝（次级类贷款＋可疑类贷款＋损失类贷款）/各项贷款×100%
预期损失率	预期损失率＝预期损失/资产风险暴露×100%
单一（集团）客户授信集中度	单一（集团）客户贷款集中度＝最大一家（集团）客户贷款总额/资本净额×100%
关联授信比例	关联授信比例＝全部关联方授信总额/资本净额×100%

主要指标		计算方法
贷款风险迁徙率	正常贷款迁徙率	正常贷款迁徙率＝(期初正常类贷款中转为不良贷款的金额＋期初关注类贷款中转为不良贷款的金额)/(期初正常类贷款余额－期初正常类贷款期间减少金额＋期初关注类贷款余额－期初关注类贷款期间减少金额)×100%
	正常类贷款迁徙率	正常类贷款迁徙率＝期初正常类贷款向下迁徙金额/(期初正常类贷款余额－期初正常类贷款期间减少金额)×100%
	关注类贷款迁徙率	关注类贷款迁徙率＝期初关注类贷款向下迁徙金额/(期初关注类贷款余额－期初关注类贷款期间减少金额)×100%
	次级类贷款迁徙率	次级类贷款迁徙率＝期初次级类贷款向下迁徙金额/(期初次级类贷款余额－期初次级类贷款期间减少金额)×100%
	可疑类贷款迁徙率	可疑类贷款迁徙率＝期初可疑类贷款向下迁徙金额/(期初可疑类贷款余额－期初可疑类贷款期间减少金额)×100%
逾期贷款率		逾期贷款率＝逾期贷款余额/贷款总余额×100%
不良贷款拨备覆盖率		不良贷款拨备覆盖率＝(一般准备＋专项准备＋特种准备)/(次级类贷款＋可疑类贷款＋损失类贷款)
贷款损失准备充足率		贷款损失准备充足率＝贷款实际计提准备/贷款应提准备×100%

五、预警信用风险的程序和主要方法

(一)风险预警程序

1. 信用信息的收集和传递

收集与商业银行有关的内外部信息,包括信贷人员提供的信息和外部渠道得到的信息,并通过商业银行信用风险信息系统进行储存。

2. 风险分析

预测系统运用预测方法对未来内外部环境进行预测,预警指标经运算估计出未来市场和客户的风险状况,所输出的结果与预警参数进行比较,判断是否发出警报。

3. 风险处置

风险处置是指在风险警报的基础上,为控制和最大限度地降低风险而采取的一系列措施,可分为两种:

(1)预控性处置:是在风险预警报告已经作出,而决策部门尚未采取相应措施之前,由风险预警部门或决策部门对尚未爆发的潜在风险提前采取控制措施。

(2)全面性处置:是对风险的类型、性质和程度进行系统详尽的分析后,从内部组织管

理、业务经营活动等方面采取措施来分散、转移和规避风险,使风险预警信号回到正常范围。

4.后评价

风险预警的后评价是指经过风险预警及风险处置过程后,对风险预警的结果进行科学的评价,以发现其中存在的问题并对预警系统和风险管理行为进行修正或调整。

风险预警在运行过程中要不断通过时间序列分析等技术来检验其有效性,同时改进预警指标和模型。

(二)风险预警的主要方法

风险预警的主要方法有:专家判断法、评级方法、信用评分方法、统计模型。

六、控制信用风险的限额管理方法

风险限额管理是指对关键风险指标设置限额,并据此对业务进行监测和控制的过程。

若出现违反限额情况,风险管理部门必须确保下列两项措施之一被采取:(1)业务单位或部门主管将风险减少到限额之内;(2)业务单位或部门主管将寻找风险控制委员会批准以暂时提高已被违反的限额。

七、信用风险缓释技术的主要内容及处理方法

信用风险缓释是指以某种手段,如运用合格的抵(质)押品、净额结算、保证和信用衍生工具等方式转移或降低信用风险。

(一)合格抵(质)押品和合格净额结算

表 5-4   合格抵(质)押品和合格净额结算

项目	内容	认定要求
合格抵(质)押品	包括金融质押品、实物抵押品(应收账款、商用房地产和居住用房地产)以及其他抵(质)押品,其信用风险缓释作用体现为违约损失率的下降或违约概率的降低	①抵(质)押品应是《中华人民共和国物权法》、《中华人民共和国担保法》规定可以接受的财产或权利。 ②权属清晰,且抵(质)押品设定具有相应的法律文件。 ③满足抵(质)押品可执行的必要条件,须经国家有关主管部门批准或者办理登记的,应按规定办理相应手续。 ④存在有效处置抵(质)押品的流动性强的市场,并且可以得到合理的抵(质)押品的市场价格。 ⑤在债务人违约、无力偿还、破产或发生其他借款合同约定的信用事件时,银行能够及时地对债务人的抵(质)押品进行清算或处置。内部评级法初级法下,当借款人利用多种形式的抵(质)押品共同担保时,需要将风险暴露拆分为由不同抵(质)押品覆盖的部分,分别计算风险加权资产。拆分按金融质押品、应收账款、商用房地产和居住用房地产以及其他抵(质)押品的顺序进行。

项目	内容	认定要求
合格净额结算	包括表内净额结算；回购交易净额结算；场外衍生工具及交易账户信用衍生工具净额结算	①可执行性，具有法律上可执行的净额结算协议，无论交易对象是无力偿还或破产，均可实施。 ②法律确定性，在任何情况下，能确定同一交易对象在净额结算合同下的资产和负债。 ③风险监控，在净头寸的基础上监测和控制相关风险暴露。 采用内部评级法高级法的银行，应建立估计表外项目违约风险暴露的程序，规定每笔表外项目采用的违约风险暴露估计值。

（二）合格保证和信用衍生工具

内部评级法初级法下，合格保证的范围包括：

（1）主权、公共企业、多边开发银行和其他银行；

（2）外部评级在 A-级及以上的法人、其他组织或自然人；

（3）虽然没有相应的外部评级，但内部评级的违约概率相当于外部评级 A-级及以上水平的法人、其他组织或自然人。

采用内部评级法高级法的银行，可以按要求自行认定合格保证，但应有历史数据证明保证的风险缓释作用。

第二节　市场风险管理

一、市场风险的四种类型

表 5-5　市场风险的四种类型

类型		描述
利率风险	重新定价风险	也称期限错配风险，源于银行资产、负债和表外业务到期期限（就固定利率而言）或重新定价期限（就浮动利率而言）之间所存在的差异
	收益率曲线风险	指由不同期限但具有相同风险、流动性和税收的收益率连接而形成的曲线，用于描述收益率与到期期限之间的关系的曲线
	基准风险	指在利息收入和利息支出所依据的基准利率变动不一致的情况下，虽然资产、负债和表外业务的重新定价特征相似，但因其利息收入和利息支出发生了变化，也会对收益或内在经济价值产生不利的影响
	期权性风险	指由于期权性工具具有的不对称的支付特征而给期权出售方带来的风险

续表

类型	描述
汇率风险	指由于汇率的不利变动而导致发生损失的风险
股票价格风险	指由于股票价格发生不利变动而带来损失的风险
商品价格风险	指所持有的各类商品及其衍生头寸由于商品价格发生不利变动而造成经济损失的风险,商品价格波动取决于国家的经济形势、商品市场的供求状况和国际炒家的投机行为等

二、久期分析、风险价值、压力测试、情景分析的基本原理和适用范围

(一)久期分析

1.基本原理

久期分析也称为持续期分析或期限弹性分析,是对各时段的缺口赋予相应的敏感性权重,得到加权缺口,然后对所有时段的加权缺口进行汇总,以此估算某一给定的小幅(通常小于1%)利率变动可能会对整体经济价值产生的影响。

各时段的敏感性权重通常是由假定的利率变动乘以该时段头寸的假定平均久期来确定。通常,金融工具的到期日或距下一次重新定价日的时间越长,并且在到期日之前支付的金额越小,则久期的绝对值越高。

2.适用范围

(1)若采用标准久期分析法,久期分析只能反映重新定价风险,不能反映基准风险及因利率和支付时间的不同而导致的头寸的实际利率敏感性差异,也不能很好地反映期权性风险。

(2)对于利率的大幅变动(大于1%),久期分析的结果不再准确,需进行更复杂的技术调整。

(二)风险价值

表 5-6　风险价值

项目	内容
概念	指在一定的持有期和给定的置信水平下,利率、汇率、股票价格和商品价格等市场风险要素发生变化时可能对产品头寸或组合造成的潜在最大损失
四个要素	时间长度、置信水平、计算方法、历史数据

续表

项目	内容
计算方法	①方差—协方差法,假定投资组合中各种风险因素的变化服从特定的分布(通常为正态分布),然后通过历史数据分析和估计该风险因素收益分布方差—协方差、相关系数等; ②历史模拟法,假定历史可以在未来重复,通过搜集一定历史期限内全部的风险因素收益信息,模拟风险因素收益未来的变化; ③蒙特卡罗模拟法,是通过产生一系列同模拟对象具有相同统计特性的随机数据来模拟未来风险因素的变动情况
优势	对未来损失风险的事前预测,考虑不同的风险因素、不同投资组合(产品)之间风险分散化效应
局限性	无法预测尾部极端损失情况、单边市场走势极端情况、市场非流动性因素

(三)压力测试

1. 基本原理

市场风险压力测试是通过测算面临市场风险的投资组合在特定小概率事件等极端不利情况下可能发生的损失,分析这些损失对盈利能力和资本金带来的负面影响,进而对所持投资组合的脆弱性作出评估和判断。

2. 适用范围

压力测试是弥补 VaR 值计量方法无法反映置信水平之外的极端损失的有效补充手段,市场风险量化分析要结合使用 VaR 计量和压力测试分析。

(四)情景分析

1. 基本原理

情景分析法(脚本法或者前景描述法),是指在假定某种现象或某种趋势将持续到未来的前提下,对预测对象可能出现的情况或引起的后果作出预测的方法。

执行步骤包括:

(1)主题的确定;

(2)主要影响因素的选择;

(3)方案的描述与筛选;

(4)模拟演习;

(5)制订战略;

(6)早期预警系统的建立。

2. 适用范围

情景分析法适用于资金密集、产品/技术开发的前导期长、战略调整所需投入大、风险高

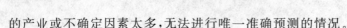

的产业或不确定因素太多,无法进行唯一准确预测的情况。

三、市场风险管理流程

(1)开展新产品和开展新业务之前,充分识别和评估其中包含的市场风险;

(2)经董事会或其授权的专门委员会批准,建立相应的内部审批、操作和风险管理流程;

(3)相关部门审核、认可其内部审批程序的操作及风险管理程序。

四、控制市场风险的限额管理、风险对冲等方法

(一)限额管理

市场风险限额指标主要包括:头寸限额、风险价值限额、止损限额、敏感度限额、期限限额、币种限额和发行人限额等。

(1)头寸限额是指对总交易头寸或净交易头寸设定的限额。总头寸限额对特定交易工具的多头头寸或空头头寸分别加以限制;净头寸限额对多头头寸和空头头寸相抵后的净额加以限制。

(2)风险价值限额是指对基于量化方法计算出的市场风险计量结果来设定限额。

(3)止损限额是指所允许的最大损失额。止损限额适用于一日、一周或一个月等一段时间内的累计损失。

(4)敏感度限额是指保持其他条件不变的前提下,对单个市场风险要素(利率、汇率、股票价格和商品价格)的微小变化对金融工具或资产组合收益或经济价值影响程度所设定的限额。

(二)风险对冲

风险对冲(套期保值),是指利用特定的金融资产或金融工具构建相反的风险头寸,以减少或消除金融资产潜在风险的过程,分为自我对冲和市场对冲两种情况:前者是指利用资产负债表或某些具有收益负相关性质的业务组合本身所具有的对冲特性进行风险对冲;后者是指对于无法通过资产负债表和相关业务调整进行自我对冲的风险,通过衍生产品市场进行对冲。

第三节　流动性风险管理

一、资产负债期限结构影响流动性的途径和机制

(一)概念

资产负债期限结构是指在未来特定的时段内,到期资产(现金流入)与到期负债(现金流出)的构成状况。资产负债结构管理,包括负债结构管理、资产结构管理和资产负债对应结

构管理。

(二)影响流动性的途径和机制

若不能匹配到期资产与到期负债的到期日和规模,即形成资产负债的期限错配,于是可能造成流动性风险。

商业银行最常见的资产负债期限错配情况是将大量短期借款(负债)用于长期贷款(资产),即"借短贷长",其优点是可以提高资金使用效率、利用存贷款利差增加收益;缺点是如果这种期限错配严重失衡,则有可能因到期资产所产生的现金流入严重不足造成支付困难,导致流动性风险。

二、资产负债分布结构影响流动性的途径和机制

资产负债分布结构不合理,会影响金融机构现金流量的稳定性,进而增加流动性风险。金融机构应当严格遵守限额管理的相关要求,最大程度地降低其资金来源(负债)和使用(资产)的同质性,确保资产负债分布结构合理。具体有以下几点建议:

(1)金融机构应控制各类资金来源的合理比例,适度分散客户种类和资金到期日;

(2)在日常经营中持有足够水平的流动资金和合理的流动资产组合,作为应付紧急融资的储备;

(3)制定适当的债务组合以及与主要资金提供者建立稳健持久的关系;

(4)制定风险集中限额,并监测日常遵守的情况。

(5)资金使用(如贷款发放、购买金融产品)应注意交易对象、时间跨度、还款周期等要素的分布结构。

三、主要的流动性风险评估方法

(一)流动性比率法

1. 同类金融机构之间横向比较各项流动性外汇率/指标

首先选取行业中具备良好流动性状况的同类金融机构并计算其各项资产、负债及错配期限的比率/指标,然后计算自身所对应的各项比率/指标,最后将自身指标与行业良好标准进行横向比较,并据此对自身的流动性风险水平作出客观评价。

2. 内部纵向比较不同历史时期的各项流动性比率/指标

有助于正确认识流动性风险状况的发展和变化趋势,理解金融机构风险管理水平以及风险偏好的变化情况。

(二)现金流分析法

现金流分析法是通过对一定时期内现金流入(资金来源)和现金流出(资金使用)的分析和预测,评估金融机构短期内的流动性状况。

证券公司现金流测算和分析应涵盖资产和负债的未来现金流以及或有资产和或有负债的潜在现金流,并充分考虑支付结算等对现金流的影响。

(三)缺口分析法

缺口分析法针对未来特定时段,计算到期资产(现金流入)和到期负债(现金流出)之间的差额,以判断不同时段内的流动性是否充足。需要注意的是,在特定时段内虽没到期,但可以不受损失或承担较少损失就能出售的资产应当被计入到期资产。

融资缺口由利率敏感资产与利率敏感负债之间的差额来表示。对于商业银行,融资缺口计算公式为:融资缺口=贷款平均额-核心存款平均额。如果缺口为正,商业银行通常需要出售流动性资产或在资金市场进行融资,即:融资缺口=-流动性资产+借入资金。

(四)久期分析法

当市场利率变动时,资产和负债的变化可表示为:

$$\Delta V_A = -[D_A \times V_A \times A_R / (1+R)] \quad \Delta V_L = -[D_L \times V_L \times \Delta_R / (1+R)]$$

其中,D_A 为总资产的加权平均久期,D_L 为总负债的加权平均久期,V_A 为总资产,V_L 为总负债,R 为市场利率。

四、流动性风险的监测指标和预警信号

(一)流动性覆盖率

流动性覆盖率=优质流动性资产/未来 30 天现金净流出量×100%

证券公司的流动性覆盖率应不低于100%。

(二)净稳定资金率

净稳定资金率=可用稳定资金/所需的稳定资金×100%

证券公司的净稳定资金率应不低于100%。

五、利用压力测试、情景分析预测流动性

(一)压力测试

压力测试是指将整个金融机构或资产组合置于某一特定的(主观想象的)极端市场情况下,测试该金融机构或资产组合在这些关键市场变量突变的压力下的表现状况,看是否能经受得起这种市场的突变。

证券公司应至少每半年开展一次流动性风险压力测试,在压力情景下证券公司满足流动性需求并持续经营的最短期限不少于 30 天。

（二）情景分析

情景分析有助于金融机构深刻理解并预测在多种风险因素共同作用下,其整体流动性风险可能出现的不同状况。通常需考虑在市场条件分别为正常、最好和最坏三种情景下可能出现的有利或不利的重大流动性变化。

六、控制流动性风险的主要做法

（一）确定流动性风险偏好

根据公司经营战略、业务特点、财务实力、融资能力、突发事件和总体风险偏好,确定流动性风险偏好。

（二）计量、监测和报告流动性风险状况

主要根据业务规模、性质、复杂程度及风险状况,对正常和压力情景下未来不同时间段的资产负债期限错配、融资来源的多元化和稳定程度、优质流动性资产及市场流动性等进行监测和分析,对异常情况及时预警。建立现金流测算和分析框架,有效计量、监测和控制正常和压力情景下未来不同时间段的现金流缺口。

（三）限额管理及压力测试

证券公司根据其业务规模、性质、复杂程度、流动性风险偏好和外部市场发展变化情况,设定流动性风险限额并对其执行情况进行监控。至少每年评估一次流动性风险限额,每半年开展一次流动性风险压力测试。

（四）制定有效的流动性风险应急计划

流动性风险应急计划应符合以下要求：
(1)合理设定应急计划触发条件;
(2)规定应急程序和措施,明确各参与人的权限、职责及报告路径;
(3)列明应急资金来源,合理估计可能的筹资规模和所需时间,考虑流动性转移限制,确保应急资金来源的可靠性和充分性。

过关演练

一、选择题(以下备选项中只有一项符合题目要求)

1. 下列一般不属于市场风险限额指标的是(　　)。

　　A. 风险价值限额　　　　　　　　　　B. 头寸限额

C.资本限额   D.止损限额

【答案】C

【解析】限额管理是对商业银行市场风险进行有效控制的一项重要手段。市场风险限额指标主要包括:头寸限额、风险价值(VaR)限额、止损限额、敏感度限额、期限限额、币种限额和发行人限额等。

2.信用评分模型是分析借款人信用风险的主要方法之一,下列各模型不属于信用评分模型的是( )。

A.死亡率模型   B.Logit 模型

C.线性概率模型   D.线性辨别模型

【答案】A

【解析】目前,应用最广泛的信用评分模型有:线性概率模型(Linear Probability Model)、Logit 模型、Probit 模型和线性辨别模型(Linear Discriminant Model)。A 项,死亡率模型属于违约概率模型。

3.假设其他条件保持不变,则下列关于利率风险的表述,正确的是( )。

A.资产以固定利率为主,负债以浮动利率为主,则利率上升有助于增加收益

B.发行固定利率债券有助于降低利率上升可能造成的风险

C.购买票面利率为 3% 的国债,当期资金成本为 2%,则该交易不存在利率风险

D.以 3 个月 LIBOR 为参照的浮动利率债券,其债券利率风险增加

【答案】B

【解析】对发行人来说,发行固定利率债券固定了每期支付利率,将来即使市场利率上升,其支付的成本也不随之上升,因而有效地降低了利率上升的风险。A 项,当利率上升时,资产收益固定,负债成本上升,收益减少;C 项,该交易存在基准风险,又称利率定价基础风险;D 项以 3 个月 LIBOR 为参照的浮动利率债券,其利率会随市场状况波动,存在利率风险。

4.假设某金融机构总资产为 1000 亿元,加权平均久期为 6 年,总负债为 900 亿元,加权平均久期为 5 年,则该机构的资产负债久期缺口为( )。

A.−1.5   B.−1

C.1.5   D.1

【答案】C

【解析】久期缺口＝资产加权平均久期−(总负债/总资产)×负债加权平均久期＝6−(900/1000)×5＝1.5。

5.如果银行具有一笔 1000 万元的贷款资产,10 年后到期,固定贷款利率为 10%,根据银行的安排,支持这笔贷款的是一笔 1000 万元的浮动利率活期存款,年利率会根据某个基准利率进行同步调整,那么,该银行的这个组合所面临的风险属于( )。

A.重新定价风险   B.收益率曲线风险

C.基准风险   D.期权性风险

【答案】C

【解析】基准风险又称利率定价基础风险,是指在利息收入和利息支出所依据的基准利率变动不一致的情况下,虽然资产、负债和表外业务的重新定价特征相似,但因其利息收入和利息支出发生了变化,也会对银行的收益或内在经济价值产生不利的影响。

6.关于久期分析,下列说法正确的是( )。

A. 如采用标准久期分析法,可以很好地反映期权性风险

B. 如采用标准久期分析法,不能反映基准风险

C. 久期分析只能计量利率变动对银行短期收益的影响

D. 对于利率的大幅变动,久期分析的结果仍能保证准确性

【答案】B

【解析】缺口分析侧重于计量利率变动对银行当期收益的影响,而久期分析则计量利率风险对银行整体经济价值的影响;久期分析的局限性包括:①如果在计算敏感性权重时对每一时段使用平均久期,即采用标准久期分析法,久期分析仍然只能反映重新定价风险,不能反映基准风险,以及因利率和支付时间的不同而导致的头寸的实际利率敏感性差异,也不能很好地反映期权性风险;②对于利率的大幅变动(大于1%),由于头寸价格的变化与利率的变动无法近似为线性关系,久期分析的结果不准确,需要进行更为复杂的技术调整。

7.关于VaR值的计量方法,下列论述正确的是( )。

A. 方差—协方差法能预测突发事件的风险

B. 方差—协方差法易高估实际的风险值

C. 历史模拟法可计量非线性金融工具的风险

D. 蒙特卡洛模拟法不需依赖历史数据

【答案】C

【解析】A项,方差—协方差法不能预测突发事件的风险;B项,方差—协方差法易低估实际的风险值;D项,蒙特卡洛模拟法需要依赖历史数据,方差—协方差法、历史模拟法也需要依赖历史数据

8.能够估算利率变动对所有头寸的未来现金流现值的影响,从而能够对利率变动的长期影响进行评估的分析方法是( )。

A. 缺口分析   B. 敞口分析

C. 敏感分析   D. 久期分析

【答案】D

【解析】久期分析是指对各时段的缺口赋予相应的敏感性权重,得到加权缺口,然后对所有时段的加权缺口进行汇总,以此估算某一给定的小幅(通常小于1%)利率变动可能会对银行经济价值产生的影响。因此久期分析能够对利率变动的长期影响进行评估。

9.在持有期为10天、置信水平为99%的情况下,若所计算的风险价值为10万元,则表明该金融机构的资产组合( )。

A. 在 10 天中的收益有 99% 的可能性不会超过 10 万元

B. 在 10 天中的收益有 99% 的可能性会超过 10 万元

C. 在 10 天中的损失有 99% 的可能性不会超过 10 万元

D. 在 10 天中的损失有 99% 的可能性会超过 10 万元

【答案】C

【解析】风险价值是指在一定的持有期和给定的置信水平下,利率、汇率等市场风险要素变化时可能对资产价值造成的最大损失。由于该资产组合的持有期为 10 天,置信水平为 99%,风险价值为 10 万元,意味着在 10 天中的损失有 99% 的可能性不会超过 10 万元。

10. 投资或者购买与管理基础资产收益波动负相关或完全负相关的某种资产或金融衍生品的风险管理策略是( )。

A. 风险规避   B. 风险对冲

C. 风险分散   D. 风险转移

【答案】B

【解析】A 项,风险规避是指拒绝或退出某一业务或市场,以避免承担该业务或市场具有的风险的一种风险应对方法;C 项,风险分散是指通过多样化的投资来分散和降低风险的方法;D 项,风险转移是指通过购买某种金融产品或采取其他合法的经济措施将风险转移给其他经济主体的一种风险管理办法。

二、组合型选择题(以下备选项中只有一项最符合题目要求)

1. 考察和分析企业的非财务因素,主要从哪些方面进行分析和判断?( )

Ⅰ. 行业风险

Ⅱ. 管理层风险

Ⅲ. 生产与经营风险

Ⅳ. 宏观经济及自然环境

A. Ⅰ、Ⅱ   B. Ⅱ、Ⅲ

C. Ⅰ、Ⅱ、Ⅲ   D. Ⅰ、Ⅱ、Ⅲ、Ⅳ

【答案】D

【解析】非财务因素分析是信用风险分析过程中的重要组成部分,与财务分析相互印证、互为补充。考察和分析企业的非财务因素,主要从管理层风险、行业风险、生产与经营风险、宏观经济及自然环境等方面进行分析和判断。

2. 信用评分模型在分析借款人信用风险过程中,存在的突出问题有( )。

Ⅰ. 是一种向后看的模型,无法及时反映企业信用状况的变化

Ⅱ. 对于多数新兴商业银行而言,所收集的历史数据极为有限

Ⅲ. 无法全面地反映借款人的信用状况

Ⅳ. 无法提供客户违约概率的准确数值

A. Ⅰ、Ⅱ   B. Ⅱ、Ⅳ

C. Ⅰ、Ⅳ   D. Ⅰ、Ⅱ、Ⅳ

【答案】D

【解析】信用评分模型是金融机构分析借款人信用风险的主要方法之一,但在使用过程中存在一些突出问题:①信用评分模型是建立在对历史数据(而非当前市场数据)模拟的基础上,因此是一种向后看的模型;②信用评分模型对借款人历史数据的要求相当高,商业银行需要相当长的时间才能建立起一个包括大多数企业历史数据的数据库,此外,对新兴企业而言,由于其成立时间不长,历史数据则更为有限,这使得信用评分模型的适用性和有效性受到影响;③信用评分模型虽然可以给出客户信用风险水平的分数,却无法提供客户违约概率的准确数值,而后者往往是信用风险管理最为关注的。

3.下列关于信用风险预期损失的说法,不正确的有(　　)。

Ⅰ.是指没有预计到的损失

Ⅱ.代表大量贷款或交易组合在整个经济周期内的平均损失

Ⅲ.预期损失率＝预期损失/资产风险敞口

Ⅳ.代表大量贷款或交易组合过去一段时期的平均损失

A.Ⅰ、Ⅲ　　　　　　　　　　　B.Ⅰ、Ⅳ

C.Ⅱ、Ⅲ　　　　　　　　　　　D.Ⅲ、Ⅳ

【答案】B

【解析】Ⅰ项,预期损失是已经预计到将会发生的损失,而不是没有预计到的损失;Ⅳ项应为代表大量贷款或交易组合在整个经济周期内的平均损失。

4.按照风险来源的不同,利率风险可以分为(　　)。

Ⅰ.重新定价风险

Ⅱ.股票价格风险

Ⅲ.基准风险

Ⅳ.收益率曲线风险

A.Ⅰ、Ⅲ　　　　　　　　　　　B.Ⅲ、Ⅳ

C.Ⅰ、Ⅲ、Ⅳ　　　　　　　　　D.Ⅰ、Ⅱ、Ⅲ、Ⅳ

【答案】C

【解析】利率风险是指由于利率的不利变动而使银行的表内和表外业务发生损失的风险。利率风险按照来源的不同,可以分为重新定价风险、收益率曲线风险、基准风险和期权性风险。

5.市场风险中的期权性风险存在于(　　)中。

Ⅰ.场内(交易所)交易的期权

Ⅱ.场外的期权合同

Ⅲ.债券或存款的提前兑付条款

Ⅳ.贷款的提前偿还条款

A.Ⅰ、Ⅱ　　　　　　　　　　　B.Ⅲ、Ⅳ

C.Ⅱ、Ⅲ、Ⅳ　　　　　　　　　D.Ⅰ、Ⅱ、Ⅲ、Ⅳ

【答案】D

【解析】期权性风险是一种越来越重要的利率风险,源于银行资产、负债和表外业务中所隐含的期权性条款。期权可以是单独的金融工具,如内(交易所)交易期权和场外的期权合同,也可以隐含于其他的标准化金融工具之中,如债券或存款的提前兑付、贷款的提前偿还等选择性条款。一般而言,期权和期权性条款都是在对期权买方有利而对期权卖方不利时执行,因此,此类期权性工具因具有不对称的支付特征而会给期权卖方带来风险。

6.久期是(　　)。

Ⅰ.金融工具的现金流的发生时间

Ⅱ.对金融工具的利率敏感程度或利率弹性的直接衡量

Ⅲ.以未来收益的到期值为权数计算的现金流平均到期时间,用以衡量金融工具的到期时间

Ⅳ.以未来收益的现值为权数计算的现金流平均到期时间,用以衡量金融工具的到期时间

A.Ⅰ、Ⅲ   B.Ⅱ、Ⅳ

C.Ⅰ、Ⅱ、Ⅲ   D.Ⅰ、Ⅱ、Ⅳ

【答案】B

【解析】Ⅰ项,久期是金融工具的现金流平均到期时间;Ⅲ项,久期是以未来收益的现值为权数计算的现金流平均到期时间。

7.某3年期债券麦考利久期为2.3年,债券目前价格为105.00元,市场利率为9%。假设市场利率突然上升1%,则按照久期公式计算,该债券价格(　　)。

Ⅰ.下降2.11%

Ⅱ.下降2.50%

Ⅲ.下降2.22元

Ⅳ.下降2.625元

A.Ⅰ、Ⅲ   B.Ⅰ、Ⅳ

C.Ⅱ、Ⅲ   D.Ⅱ、Ⅳ

【答案】A

【解析】根据久期计算公式,$\Delta P/P = -D \times \Delta y/(1+y) = -2.3 \times 1\%/(1+9\%) = -2.11\%$,$\Delta P = -2.11\% \times 105.00 = -2.22$(元)。其中,$P$表示债券价格,$\Delta P$表示债券价格的变化幅度,$y$表示市场利率,$\Delta y$表示市场利率的变化幅度,$D$表示麦考利久期。

8.下列哪些属于市场风险的计量方法?(　　)

Ⅰ.外汇敞口分析

Ⅱ.久期分析

Ⅲ.返回检验

Ⅳ.情景分析

A.Ⅰ、Ⅱ、Ⅲ   B.Ⅱ、Ⅲ、Ⅳ

C. Ⅰ、Ⅲ、Ⅳ　　　　　　　　　　D. Ⅰ、Ⅱ、Ⅲ、Ⅳ

【答案】D

【解析】除Ⅰ、Ⅱ、Ⅲ、Ⅳ四项外,市场风险计量方法还包括:①缺口分析;②风险价值法;③敏感性分析;④压力测试。

9.关于久期分析,下列说法正确的有(　　)。

　　Ⅰ.久期分析又称为持续期分析或期限弹性分析

　　Ⅱ.主要用于衡量利率变动对银行整体经济价值的影响

　　Ⅲ.未考虑当利率水平变化时,各种金融产品因基准利率的调整幅度不同产生的利率风险

　　Ⅳ.是一种相对初级并且粗略的利率风险计量方法

A. Ⅰ、Ⅱ　　　　　　　　　　　B. Ⅲ、Ⅳ

C. Ⅰ、Ⅲ、Ⅳ　　　　　　　　　D. Ⅰ、Ⅱ、Ⅳ

【答案】A

【解析】Ⅲ、Ⅳ两项属于缺口分析的局限性。

10.下列关于VaR的描述正确的是(　　)。

　　Ⅰ.风险价值是指在一定的持有期和给定的置信水平下,利率、汇率等市场风险要素的变化可能对资产价值造成的最大损失

　　Ⅱ.风险价值是以概率百分比表示的价值

　　Ⅲ.如果模型的使用者是经营者自身,则时间间隔取决于其资产组合的特性

　　Ⅳ.风险价值并非是指实际发生的最大损失

A. Ⅰ、Ⅱ、Ⅲ　　　　　　　　　B. Ⅱ、Ⅲ、Ⅳ

C. Ⅰ、Ⅲ、Ⅳ　　　　　　　　　D. Ⅰ、Ⅱ、Ⅲ、Ⅳ

【答案】C

【解析】Ⅱ项,风险价值是以绝对值表示的价值。

11.下列可以用于计量交易对手信用风险的方法有(　　)。

　　Ⅰ.内部模型法

　　Ⅱ.内部评级法

　　Ⅲ.现期风险暴露法

　　Ⅳ.标准法

A. Ⅰ、Ⅲ　　　　　　　　　　　B. Ⅱ、Ⅳ

C. Ⅰ、Ⅲ、Ⅳ　　　　　　　　　D. Ⅱ、Ⅲ、Ⅳ

【答案】C

【解析】交易对手信用风险是指由于交易对手在合约到期前违约而造成损失的风险。巴塞尔委员会共提出三种交易对手信用风险暴露计量方法,较常用的方法是现期风险暴露法、标准法和内部模型法。

12.市场风险控制的主要方法有(　　)。

　　Ⅰ.资产证券化

Ⅱ.限额管理

Ⅲ.风险对冲

Ⅳ.经济资本配置

A.Ⅱ、Ⅲ   B.Ⅱ、Ⅲ、Ⅳ

C.Ⅲ、Ⅳ   D.Ⅰ、Ⅱ、Ⅳ

【答案】B

【解析】市场风险控制的方法主要有:①限额管理,常用的市场风险限额包括交易限额、风险限额和止损限额等;②风险对冲,通过金融衍生产品等金融工具,在一定程度上实现对冲市场风险的目的;③经济资本配置,通常采取自上而下法或自下而上法。

13.下列关于金融机构风险压力测试的说法,正确的有(　　)。

Ⅰ.可以对风险计量模型中的每一个变量进行压力测试

Ⅱ.可以根据历史上发生的极端事件来生成压力测试的假设前提

Ⅲ.压力测试重点关注风险因素的变化对资产组合造成的不利影响

Ⅳ.在信用风险领域可以从违约概率入手进行压力测试

A.Ⅱ、Ⅲ   B.Ⅲ、Ⅳ

C.Ⅱ、Ⅲ、Ⅳ   D.Ⅰ、Ⅱ、Ⅲ、Ⅳ

【答案】C

【解析】Ⅰ项,压力测试主要用于评估资产或投资组合在极端不利的条件下可能遭受的重大损失,并不需要对风险计量模型中的每一个变量进行压力测试。

第四部分
专项业务

第六章 品种选择

本章主要内容包括产品选择、时机选择和行业轮动的基本理论。产品选择主要介绍了证券产品选择的目标、基本原则及步骤、现金类、债券类、股票类和衍生产品类证券产品的组成及基本特征、产品与客户适配的相关要求等内容;时机选择则主要包括买卖证券产品时机的一般原则、证券产品进场时机选择的要求、买进时机和卖出时机选择的策略等基本内容;行业轮动部分作为本章的了解内容,主要介绍了行业轮动的特征、驱动因素、主要策略及配置、不同行业轮动的关联性和介入时点的选择。

备考方法

本章知识结构清晰完整,考生学习起来难度较小,学习过程中应认真研读核心讲义,快速了解重点、理解难点、掌握答题技巧,在近 3 次考试中,本章所占的分值约为 2 分。考生应熟悉证券产品选择的目标、基本原则和步骤;重点掌握现金类、债券类、股票类和衍生产品类证券产品的组成及基本特征;了解产品与客户适配、行业轮动的相关内容;熟练运用证券产品买进时机与卖出时机选择的策略。

思维导图

品种选择
- 产品选择
  - 证券产品选择的目标
  - 证券产品选择的基本原则
  - 证券产品选择的步骤
  - 现金类、债券类、股票类和衍生产品类证券产品
  - 产品与客户适配的相关要求
- 时机选择
  - 买卖证券产品时机的一般原则
  - 证券产品进场时机选择的要求
  - 证券产品买进时机选择的策略
  - 证券产品卖出时机选择的策略
- 行业轮动
  - 行业轮动的特征
  - 行业轮动的驱动因素
  - 行业轮动的主要策略及配置
  - 不同行业轮动的关联性和介入时点的选择

考点精讲

第一节　产品选择

一、证券产品选择的目标

表 6-1　证券产品选择的目标

目标	内容
本金保障	指投资者通过投资保存资本或者资金的购买力
资本增值	指投资者通过投资工具,以期本金能迅速增长,使财富得以累积
经常性收益	指投资者期待本金获得保障,且能定期获得一些经常性收益

二、证券产品选择的基本原则

表 6-2　证券产品选择的基本原则

原则	内容
收益性原则	是选择证券产品最基本的要求。一笔证券投资的收益等于利息、股息等当前收入与资本增值之和
安全性原则	是要保证证券投资的本金不受损失
流动性原则	用收回证券投资本金的速度快慢来衡量流动性。证券的流动性强表明能够以较快的速度将证券兑换成货币,同时以货币计算的价值不受任何损失;证券的流动性弱,则转化为货币需要的时间就较长,支付的费用较多,甚至会遭受价格下跌的损失

三、证券产品选择的步骤

表 6-3　证券产品选择的步骤

步骤	内容
确定投资策略	根据投资者对风险的态度,衡量其风险承受能力,决定投入的资金量,确定最终的证券产品种类
了解证券产品的特性	投资者要广泛了解各种证券产品的期限、有无担保、收益高低、支付情况、风险大小等
分析证券产品	运用基本分析、技术分析和组合理论对具体证券的真实价值、市场价格及价格涨跌趋势进行深入分析

四、现金类、债券类、股票类和衍生产品类证券产品的组成及基本特征

表 6-4　现金类、债券类、股票类和衍生产品类证券产品的组成及基本特征

证券产品	组成	基本特征
现金类证券产品	即货币型理财产品	①收益稳定;②安全性较高;③风险较小
债券类证券产品	①政府债券;②金融债券;③公司债券	①偿还性;②流动性;③安全性;④收益性
股票类证券产品	①普通股票;优先股票	①收益性;②风险性;③流动性;④永久性;⑤参与性

续表

证券产品	组成	基本特征
衍生产品类证券产品	①金融远期合约；②金融期货；③金融期权；④金融互换；⑤结构化金融衍生工具	①跨期性；②杠杆性；③联动性；④不确定性或高风险性

五、产品与客户适配的相关要求

(一)适当性的定义

《金融产品和服务零售领域的客户适当性》指出,适当性是指"金融中介机构所提供的金融产品或服务与客户的财务状况、投资目标、风险承受水平、财务需求、知识和经验之间的契合程度"。

(二)适当性原则被忽视的原因

(1)投资者不一定能够掌握有关产品的充分信息;

(2)投资者因自身经验和知识的欠缺,即便掌握了充分的相关信息,也不一定能够评估产品的风险水平;

(3)投资者对自身的风险承受能力可能缺乏正确认知。

(三)我国法律法规对适当性原则的规定

《证券公司投资者适当性制度指引》第二十四条规定,证券公司向客户销售的金融产品或提供的金融服务,应当符合以下要求:

(1)投资期限和品种符合客户的投资目标;

(2)风险等级符合客户的风险承受能力等级;

(3)客户签署风险揭示书,确认已充分理解金融产品或金融服务的风险。

第二节　时机选择

一、买卖证券产品时机选择的一般原则和要求

(一)一般原则

(1)注意掌握先机,明白选股不如选时;

(2)抓住买进时机与卖出时机,牢记挫落是获利的契机,逢低买进、逢高卖出。

(二)要求

(1)进场时机的选择应结合证券市场环境;

(2)进场时机选择应当在构建投资组合的基础之上;

(3)选择进场时机需要积极的投资思维跟进;

(4)进场时机的选择应当制定合理的退出目标。

三、证券产品买进时机选择的策略

表6-5 证券产品买进时机选择的策略

策略	内容
谷底买进战略	股价跌落谷底,而不容易回升时买进,这是股票投资的良机
高价买进战略	高价买进战略是短期投资的一项策略。高价买进的战略若要成功,须具备三个条件:(1)具有良好的展望股类;(2)行情看涨;(3)选择公司业绩良好的股类
其他买进策略	(1)重大利多因素正在酝酿时买进;(2)不确切的传言造成非理性下跌时买进;(3)总体经济环境因素逐渐趋向有利的时候或政府正在拟定重大的激励措施时买进

四、证券产品卖出时机选择的策略

(1)股票价格走势达到高峰,再也无力继续攀上时,应卖出股票;

(2)重大不利因素正在酝酿时应卖出股票;

(3)从高价跌落10%时应卖出股票。

第三节 行业轮动

一、行业轮动的特征

(1)行业轮动必须建立在对具体的体制、制度以及发展阶段的分析基础之上,并且关注经济的周期变化,不同制度的国家、不同的经济体系、不同的发展阶段,轮动策略不同;

(2)行业轮动与经济周期和货币周期紧密联系,相互作用和影响;

(3)行业轮动必须注意经济体系的特征和经济变量的相互作用方式。

二、行业轮动的驱动因素

表 6-6　行业轮动的驱动因素

因素	描述	逻辑图
市场驱动	市场驱动的分析主线是沿着对利率和成本最为敏感的行业展开。利率和成本的下降,首先刺激房地产和汽车行业的复苏;当先导产业汽车和房地产从低谷逐步上升时,钢铁、有色、建材等行业会随之复苏;随后煤炭和电力行业景气轮动;最后,港口、集装箱运输、船舶行业也会随之联动,与此相反,当先导行业需求下滑时候,所有行业将因此向下	利率、价格 → 货币供应、估值 → 大宗商品（原油／有色、黄金／农产品）；利率、价格 → 实际收入(财富) → 可选消费(汽车等) → 工业金属（采矿／航运／造船）、工业金属（电力／煤炭）、工业金属（煤炭、原油）；房地产 → 建材／煤炭；钢铁有色→电力／煤炭／铁运／铁建；家电→有色／采矿／航运／造船；机械→钢铁
政府驱动	政府施行扩张性财政政策,也是经济复苏的重要动力。财政政策一般包括两个方面:①增加财政支出用于基础建设;②鼓励扶持新技术的应用	财政 → 财政支出和信贷 → 新技术／设备／配套／原材料；基建→建筑→钢铁（建材／煤炭）／电力／铁运／铁建；有色／原油／航运／造船；铁矿
出口拉动	世界经济的好转会带动中国经济的向好,促进中国出口增加,并沿产业链带动经济全面发展。世界经济对中国影响分为两条路径:①推动必需品需求;②推动机电产品出口,并沿产业链向下	世界经济 → 出口 → 必需品（家居卫浴／木材油漆／原油等）、服装／化纤／农产品；机电产品→机械（半导体／煤炭）／电子／钢铁／电力／铁运／铁建；家电→有色／航运／航运／造船

三、行业轮动的主要策略及配置

　　轮动投资策略是通过对特定代理变量的观测适时投资强势投资品种,从而获取超额收益。轮动投资策略有主动轮动和被动轮动之分。主动轮动通过代理变量的预示作用选择未来表现强势的行业进行投资;被动轮动则在轮动趋势确立后进行相关行业的投资,代理变量主要用来刻画轮动趋势。

(一)主动轮动策略——M2行业轮动策略

M2行业轮动策略是基于M2这一代理变量观测货币政策周期进行周期性行业和非周期性行业的轮动策略。

1.数据与轮动策略的建立

(1)信息的同步性

考虑到M2的披露时间及信息的传导时间,所有投资时段都滞后了一个月的时间。

(2)组合的构建策略

在货币政策处于扩张时等权重配置周期性行业,紧缩时等权配置非周期性行业。

2.优点

(1)容易理解,且符合自上而下的投资理念,适合机构投资者进行行业配置;

(2)少了对行业基本面和公司信息的依赖;

(3)抗风险能力得到增强;

(4)依据货币供应增速M2进行轮动,使得策略具有较强的可操作性。

(二)被动轮动策略——基于市场情绪的行业轮动策略

1.概念

被动轮动是在轮动趋势确立后进行相关行业的投资。主要用代理变量来刻画轮动趋势。

2.策略模型

基于市场情绪设计行业轮动投资策略主要考虑两点:①哪些行业处于上扬趋势;②哪些行业具有比业绩基准更强的上扬趋势。

策略成功的关键在于市场情绪指标的选取、指标计算参数的选择及适当止损。

四、不同行业轮动介入时点的选择

行业轮动的时机是最难掌握的,需要对经济周期和市场周期进行前瞻性判断。不同行业轮动介入时点的选择如表6-7所示。

表 6-7　不同行业轮动介入时点的选择

项目	内容
四种周期	四种周期包括:政策周期、市场周期(估值周期)、经济周期和盈利周期。熊末牛初,股市见底时这四种周期见底的先后次序是:(1)政策周期领先于市场周期;(2)市场周期领先于经济周期;(3)经济周期领先于盈利周期
三种杠杆	(1)财务杠杆:对利率的弹性;(2)运营杠杆:对经济的弹性;(3)估值杠杆:对剩余流动性的弹性

续表

项目	内容
三个阶段	第一阶段,经济低迷,货币政策宽松,利率不断降低,通常财务杠杆高的企业先见底,剩余企业的市场份额和定价权都得到提高;第二阶段,经济开始复苏,利率稳定于低位,此时的板块轮动通常是运营杠杆高的行业领涨;第三阶段,经济繁荣,利润快速增长,股票价格涨幅更大;熊牛替换时,不应过度关注盈利增长的确定性,而应关注股票对各种正在改善的外部因素的弹性
介入时点选择的注意事项	(1)牛市和熊市是四个周期和三个杠杆的博弈和互动; (2)有周期性就表明有可预测性; (3)认识四种周期的先后顺序和相互间的作用之后,才能在牛熊更替中做出有预见性和前瞻性的判断; (4)有杠杆,股价的波动浮动通常会较为剧烈; (5)当股市经过大跌而达到合理的估值水平之后,开始在资金面和政策面的推动下上涨,这时不应过多担忧基本面; (6)单纯的行业轮动的时机选择是比较困难的,必须结合估值和品质综合考量

一、选择题(以下备选项中只有一项符合题目要求)

1.金融期货是指交易双方在集中的交易场所通过( )的方式进行的标准化金融期货合约的交易。

A.公开竞价 B.买方向卖方支付一定费用

C.集合竞价 D.协商价格

【答案】A

【解析】金融期货是指交易双方在集中的交易场所以公开竞价方式进行的标准化金融期货合约的交易。金融期货是以金融工具(或金融变量)为基础工具的期货交易。

2.投资者进行金融衍生工具交易时,要想获得交易的成功,必须对利率、汇率、股价等因素的未来趋势作出判断,这是衍生工具的( )所决定的。

A.跨期性 B.杠杆性

C.风险性 D.投机性

【答案】A

【解析】金融衍生工具是交易双方通过对利率、汇率、股价等因素变动趋势的预测,约定在未来某一时间按照一定条件进行交易或选择是否交易的合约。无论是哪一种金融衍生工具,都会影响交易者在未来一段时间内或未来某时点上的现金流,跨期交易的特点十分突出。这就要求交易双方对利率、汇率、股价等价格因素的未来变动趋势作出判断,而判断的准确与否直接决定了交易者的交易盈亏。

3.下列关于证券产品买进时机选择的策略的说法中,不正确的是( )。

A. 重大利多因素正在酝酿时买进

B. 等到股价跌落谷底,而不容易回升时买进

C. 不确切的传言造成非理性下跌时买进

D. 总体经济环境因素不利的时候,可以买进

【答案】D

【解析】D项,应在总体经济环境因素逐渐趋向有利的时候,尤其是经济衰退到极点,而复苏有望时,或政府正在拟定重大的激励措施时买进。

4.关于债券发行主体,下列论述不正确的是( )。

A. 政府债券的发行主体是政府

B. 公司债券的发行主体是股份公司

C. 凭证式债券的发行主体是非股份制企业

D. 金融债券的发行主体是银行或非银行的金融机构

【答案】C

【解析】凭证式债券即凭证式国债,是政府债券的一种,其发行主体是政府。公司债券的发行主体是股份公司,但有些国家也允许非股份制企业发行债券。所以,归类时,可将公司债券和企业发行的债券合在一起,称为公司(企业)债券。

5.政府债券的最初功能是( )。

A. 弥补财政赤字   B. 筹措建设资金

C. 便于调控宏观经济   D. 便于金融调控

【答案】A

【解析】从功能上看,政府债券最初仅是政府弥补赤字的手段,但在现代商品经济条件下,政府债券已成为政府筹集资金、扩大公共开支的重要手段,并且随着金融市场的发展,逐渐具备了金融商品和信用工具的职能,成为国家实施宏观经济政策、进行宏观调控的工具。

6.一般情况下,优先股票的股息率是( )的,其持有者的股东权利受到一定限制。

A. 随公司盈利变化而变化   B. 浮动

C. 不确定   D. 固定

【答案】D

【解析】优先股票的股息率是固定的,其持有者的股东权利受到一定限制,但在公司盈利和剩余财产的分配顺序上比普通股票股东享有优先权。

7.政府机构进行证券投资的主要目的是进行宏观调控和( )。

A. 获取利息   B. 获取资本收益

C. 调剂资金余缺   D. 获取投资回报

【答案】C

【解析】机构投资者主要有政府机构、金融机构、企业和事业法人及各类基金等。政府机构参与证券投资的目的主要是为了调剂资金余缺和进行宏观调控。各级政府及政府机构出现资金剩余时,可通过购买政府债券、金融债券将剩余资金投资于证券市场。

8.一般来讲,政府债券与公司债券相比( )。

　　A.公司债券风险大,收益低

　　B.公司债券风险小,收益高

　　C.政府债券风险大,收益高

　　D.政府债券风险小,收益稳定

【答案】D

【解析】政府债券是政府发行的债券,由政府承担还本付息的责任,是国家信用的体现。政府债券的付息由政府保证,其信用度最高,风险最小,对于投资者来说,投资政府债券的收益是比较稳定的。

9.一般而言,下列债券按其信用风险依次从低到高排列的是( )。

　　A.政府债券、公司债券、金融债券

　　B.金融债券、公司债券、政府债券

　　C.政府债券、金融债券、公司债券

　　D.金融债券、政府债券、公司债券

【答案】C

【解析】在各类债券中,政府债券是信用等级最高的,常被称为"金边债券",属于国家信用;金融债券的信用等级次之;公司债券的信用等级最低,是商业信用的体现。

10.下列各项属于投资适当性要求的是( )。

　　A.特定的投资者购买恰当的产品

　　B.适合的投资者购买低风险的产品

　　C.适合的投资者购买恰当的产品

　　D.特定的投资者购买低风险的产品

【答案】C

【解析】适当性是指金融中介机构所提供的金融产品或服务与客户的财务状况、投资目标、风险承受水平、财务需求、知识和经验之间的契合程度。即投资适当性的要求是"适合的投资者购买恰当的产品"。

二、组合型选择题(以下备选项中只有一项最符合题目要求)

1.机构投资者在资金来源、投资目的等方面虽然不相同,但一般具有( )的特点。

　　Ⅰ.收集和分析信息的能力强

　　Ⅱ.可通过适当的资产组合以分散风险

　　Ⅲ.只强调盈利

　　Ⅳ.投资资金来源分散而量小

A. Ⅰ、Ⅱ   B. Ⅰ、Ⅲ
C. Ⅰ、Ⅳ   D. Ⅱ、Ⅳ

【答案】A

【解析】各类机构投资者的资金来源、投资目的、投资方向虽各不相同，但一般都具有投资的资金量大、收集和分析信息的能力强、注重投资的安全性、可通过有效的资产组合以分散投资风险、对市场影响大等特点。

2. 各级政府及政府机构出现资金剩余时，可通过购买（   ）投资于证券市场。

Ⅰ. 政府债券

Ⅱ. 股份制银行发行的股票

Ⅲ. 可转换公司债券

Ⅳ. 金融债券

A. Ⅰ、Ⅱ   B. Ⅰ、Ⅲ
C. Ⅰ、Ⅳ   D. Ⅱ、Ⅳ

【答案】C

【解析】政府机构参与证券投资的目的主要是为了调剂资金余缺和进行宏观调控。各级政府及政府机构出现资金剩余时，可通过购买政府债券、金融债券投资于证券市场。

3. 与其他债券相比，政府债券的特点是（   ）。

Ⅰ. 享受免税待遇

Ⅱ. 安全性高

Ⅲ. 收益率高

Ⅳ. 流通性强

A. Ⅰ、Ⅱ、Ⅲ   B. Ⅰ、Ⅱ、Ⅳ
C. Ⅰ、Ⅲ、Ⅳ   D. Ⅱ、Ⅲ、Ⅳ

【答案】B

【解析】政府债券的特征包括：①安全性高；②流通性强；③收益稳定；④免税待遇。

4. 近年来我国政策性金融债券品种逐渐多样化，例如，国家开发银行曾发行过（   ）。

Ⅰ. 可掉期债券

Ⅱ. 本息分离债券

Ⅲ. 可转换债券

Ⅳ. 长期次级债券

A. Ⅰ、Ⅱ、Ⅲ、   B. Ⅰ、Ⅱ、Ⅳ
C. Ⅰ、Ⅲ、Ⅳ   D. Ⅱ、Ⅲ、Ⅳ

【答案】B

【解析】国家开发银行在银行间债券市场相继推出投资人选择权债券、发行人普通选择权债券、长期次级债券、本息分离债券、可回售债券与可赎回债券、可掉期债券等新品种。

5. 关于我国金融债券，下列说法正确的有（   ）。

Ⅰ.我国金融债券的发行始于北洋政府时期

Ⅱ.新中国成立之后的金融债券发行始于1982年,国家开发银行于这一年率先在日本的东京证券市场发行了外国金融债券

Ⅲ.1985年,中国工商银行、中国农业银行发行金融债券,开办特种贷款,这是我国经济体制改革以后国内发行金融债券的开端

Ⅳ.1993年,中国国际信托投资公司被批准在境内发行外币金融债券,这是我国首次发行境内外币金融债券

A.Ⅰ、Ⅱ   B.Ⅰ、Ⅲ

C.Ⅱ、Ⅲ   D.Ⅱ、Ⅳ

【答案】B

【解析】Ⅱ项的发行主体应为中国国际信托投资公司;Ⅳ项的发行主体应为中国投资银行。

6.股票按股东享有权利的不同,可以分为(   )。

Ⅰ.记名股票

Ⅱ.优先股

Ⅲ.不记名股票

Ⅳ.普通股

A.Ⅰ、Ⅲ   B.Ⅱ、Ⅳ

C.Ⅰ、Ⅳ   D.Ⅲ、Ⅳ

【答案】B

【解析】常见的股票分类包括:①按股东享有权利的不同,股票可以分为普通股票和优先股票;②按是否记载股东姓名,股票可以分为记名股票和无记名股票;③按是否在股票票面上标明金额,股票可以分为有面额股票和无面额股票。

7.股票的基本要素有(   )。

Ⅰ.发行主体

Ⅱ.股份

Ⅲ.持有人

Ⅳ.面值

A.Ⅰ、Ⅱ、Ⅲ   B.Ⅰ、Ⅱ、Ⅳ

C.Ⅰ、Ⅲ、Ⅳ   D.Ⅰ、Ⅱ、Ⅲ、Ⅳ

【答案】A

【解析】股票是股份公司发给投资者用以证明其在公司的股东权利和投资入股份额、并据以获得股利收入的有价证券。由该定义可知,股票有三个基本要素:发行主体、股份、持有人。

8.能够说明"股票具有有价证券的特征"的有(   )。

Ⅰ.虽然股票本身没有价值,但股票是一种代表财产权的有价证券,它包含着股东可以依

其持有的股票,要求股份公司按规定分配股息和红利的请求权

Ⅱ.股票与它代表的财产权可分开作价

Ⅲ.股票与它代表的财产权有不可分离的关系,它们两者合为一体

Ⅳ.股票存在价值,所以它包含着股东可以依其持有的股票,要求股份公司按规定分配股息和红利的请求权

A. Ⅰ、Ⅱ   B. Ⅰ、Ⅲ

C. Ⅰ、Ⅱ、Ⅳ   D. Ⅰ、Ⅲ、Ⅳ

【答案】B

【解析】股票具有有价证券的特征,主要体现在:①虽然股票本身没有价值,但股票是一种代表财产权的有价证券,它包含着股东可以依其持有的股票要求股份公司按规定分配股息和红利的请求权;②股票与它代表的财产权有不可分离的关系,二者合为一体,换言之,行使股票所代表的财产权,必须以持有股票为条件,股东权利的转让应与股票占有的转移同时进行,股票的转让就是股东权的转让。

9.下列关于股票的风险性的说法,正确的有(   )。

Ⅰ.投资者在买入股票时,对其未来收益会有一个估计,但事后看,真正实现的收益可能会远低于原先的估计,这就是股票的风险

Ⅱ.股票风险的内涵是股票投资收益的不确定性

Ⅲ.风险不等于损失,高风险的股票可能给投资者带来较大损失,也可能带来较大的未预期收益

Ⅳ.实际收益与预期收益之间的偏离程度体现了股票的风险性

A. Ⅰ、Ⅱ   B. Ⅰ、Ⅳ

C. Ⅰ、Ⅲ、Ⅳ   D. Ⅱ、Ⅲ、Ⅳ

【答案】D

【解析】风险本身是一个中性概念,投资者在买入股票时,对其未来收益会有一个估计,但事后看,真正实现的收益可能会高于或低于原先的估计,这就是股票的风险。风险不等于损失,高风险的股票可能给投资者带来较大损失,也可能带来较大的未预期收益。

10.金融衍生工具的基本特征包括(   )。

Ⅰ.杠杆性

Ⅱ.跨期性

Ⅲ.不确定性或高风险性

Ⅳ.联动性

A. Ⅰ、Ⅱ、Ⅲ   B. Ⅰ、Ⅱ、Ⅳ

C. Ⅰ、Ⅲ、Ⅳ   D. Ⅰ、Ⅱ、Ⅲ、Ⅳ

【答案】D

【解析】金融衍生工具是与基础金融产品相对应的一个概念,指建立在基础产品或基础变量之上,其价格取决于基础金融产品价格(或数值)变动的派生金融产品。金融衍生工

具的特性包括：①跨期性；②杠杆性；③联动性；④不确定性或高风险性。

11. 政府债券的功能包括(　　)。

Ⅰ. 为政府筹集资金,扩大公共事业开支的手段

Ⅱ. 政府弥补财政赤字的手段

Ⅲ. 金融商品和信用工具

Ⅳ. 国家实施宏观经济政策、进行宏观调控的工具

A. Ⅰ、Ⅱ、Ⅲ　　　　　　　　　B. Ⅰ、Ⅱ、Ⅳ

C. Ⅱ、Ⅲ、Ⅳ　　　　　　　　　D. Ⅰ、Ⅱ、Ⅲ、Ⅳ

【答案】D

【解析】政府债券最初仅是政府弥补赤字的手段,但在现代商品经济条件下,政府债券已成为政府筹集资金、扩大公共开支的重要手段,并且随着金融市场的发展,逐渐具备了金融商品和信用工具的职能,成为国家实施宏观经济政策、进行宏观调控的工具。

12. 违反投资适当性原则的主要原因在于(　　)。

Ⅰ. 投资者并不一定能够掌握有关产品的充分信息

Ⅱ. 投资者自身经验和知识的欠缺

Ⅲ. 投资服务机构可能会提供一些虚假的信息

Ⅳ. 投资者对自身的风险承受能力也可能缺乏正确认知

A. Ⅰ、Ⅱ、Ⅲ　　　　　　　　　B. Ⅰ、Ⅱ、Ⅳ

C. Ⅰ、Ⅲ、Ⅳ　　　　　　　　　D. Ⅱ、Ⅲ、Ⅳ

【答案】B

【解析】投资适当性原则经常被违反,其主要原因在于:①投资者并不一定能够掌握有关产品的充分信息;②由于投资者自身经验和知识的欠缺,即便掌握了充分的相关信息,也不一定能够评估产品的风险水平;③投资者对自身的风险承受能力也可能缺乏正确认知。

第七章　投资组合

考情分析

本章主要介绍了股票投资组合、债券投资组合和衍生工具的基本理论。其中股票投资组合包括股票投资风格的分类体系及其绩效评价的指标体系和计算方法、积极型股票投资策略操作方法、简单型消极投资策略、指数型消极投资策略的市值法和分层法、加强指数法等内容；债券投资组合主要介绍了积极型债券组合管理策略和消极型债券组合管理策略；衍生工具则主要介绍了实施对冲策略的主要步骤、风险敞口分析和对冲比率确定的主要内容、主要条款比较法、比率分析法和回归分析法等常见的对冲策略有效性评价方法、实施套利策略的主要步骤以及期现套利、跨期套利、跨商品套利和跨市场套利等套利方法。

备考方法

本章涉及的细小知识点较多，侧重于理解性记忆，难度适中，考生可将前后考点进行对比记忆，在近3次考试中，本章所占的分值约为3分。在复习过程中，考生应区分理解积极型股票投资策略、简单型消极投资策略、指数型消极投资策略以及加强指数法，对比记忆积极型债券组合管理策略中的水平分析、债券互换、骑乘收益率曲线以及消极型债券组合管理策略中的指数策略、免疫策略，掌握风险敞口分析和对冲比率的确定、主要条款比较法、比率分析法和回归分析法等常见的对冲策略有效性评价方法，对于期现套利、跨期套利、跨商品套利和跨市场套利等套利方法，要求考生熟练掌握。

思维导图

$$
投资组合\begin{cases}
股票投资组合\begin{cases}
股票投资风格分类体系\\
股票投资风格绩效评价\\
积极型股票投资策略操作方法\\
简单型消极投资策略\\
指数型消极投资策略的市值法和分层法\\
加强指数法
\end{cases}\\
债券投资组合\begin{cases}
积极型债券组合管理策略\\
消极型债券组合管理策略
\end{cases}\\
衍生工具\begin{cases}
实施对冲策略的主要步骤\\
风险敞口分析和对冲比率确定的主要内容\\
常见的对冲策略有效性评价方法\\
实施套利策略的主要步骤\\
套利方法
\end{cases}
\end{cases}
$$

考点精讲

第一节　股票投资组合

一、股票投资风格分类体系

表 7-1　股票投资风格的分类

分类标准	类型	内容
按公司规模	小型资本股票	流动性较低,回报率更高
	大型资本股票	流动性较高,回报率较低
	混合型资本股票	流动性、回报率均介于小型资本股票与大型资本股票之间
按股票价格行为	增长类股票	同类股票内部的相关系数均为正而且较大,不同类型的股票之间的相关性则不高
	周期类股票	
	稳定类股票	
	能源类股票	

续表

分类标准	类型	内容
按公司成长性	增长类股票	增长速度超过经济发展速度的股票
	非增长类（收益率）股票	随经济发展速度同步增长的股票

二、股票投资风格绩效评价的指标体系和计算方法

(一)股票投资风格指数

(1)股票投资风格指数是指对股票投资风格进行业绩评价的指数。人们引入风格指数的概念作为评价投资管理人业绩的标准。

(2)以公司成长性为标准设计的风格指数为例。如按照市盈率和市净率指标将股票分为增长类和非增长类之后，就可以按照一定的权重构建指数，反映各自的回报情况。

(二)股票风格管理

不同的股票风格管理类型具有不同的特点，如表 7-2 所示。

表 7-2   不同股票风格管理的特点

股票风格管理类型	特点
消极的股票风格管理	①投资风格不随市场发生任何变化 ②节省交易成本、研究成本、人力成本 ③避免了不同风格股票收益之间相互抵消的问题
积极的股票风格管理	通过对不同类型股票的收益状况作出预测和判断，主动改变投资组合中增长类、周期类、稳定类和能源类股票的权重

三、积极型股票投资策略操作方法

(一)以技术分析为基础的投资策略

以技术分析为基础的投资策略是在否定弱势有效市场的前提下，以历史交易数据为基础，预测单只股票或市场总体未来变化趋势的一种投资策略。

表 7-3　以技术分析为基础的投资策略的主要观点

分析方法	主要观点
道氏理论	①市场价格指数可以解释和反映市场的大部分行为 ②市场波动具有三种趋势：主要趋势、次要趋势和短暂趋势 ③交易量在确定趋势中具有重要作用，趋势反转点是做出判断的一个重要参考指标 ④收盘价是最重要的价格
超买超卖型指标	①简单过滤器规则：以某一时点的股价作为参考基准，预先设定一个股价上涨或下跌的百分比作为买入和卖出股票的标准 ②移动平均法：以一段时期内的股票价格移动平均值为参考基准，在股票价格超过平均价的某一百分比时买入该股票，在股票价格低于平均价的一定百分比时卖出该股票（常用指标有乖离率） ③价量关系指标：价稳量增、价量齐升、价涨量稳、价涨量缩、价稳量缩、价跌量缩、价格快速下跌而量小、价稳量增（葛兰碧法则）

（二）以基本分析为基础的投资策略

基本分析是在否定半强势有效市场的前提下，以公司基本面状况为基础进行的分析。

表 7-4　以基本分析为基础的投资策略的应用法则

分析方法	应用法则
低市盈率（P/E 比率）	选择市盈率和市净率较低股票，因为这两类股票的股价有较高的实际收益的支持
股利贴现模型（DDM）	①净现值（NPV）法 a. NPV>0，股票价值被低估，买入 b. NPV<0，股票价格被高估，卖出 ②内含报酬率（IRR）法 a. IRR>资本必要收益率，买入 b. IRR<资本必要收益率，卖出 ③分类 a. 固定增长模型 b. 三阶段股利贴现模型 c. 随机股利贴现模型

（三）市场异常策略

市场异常策略如表 7-5 所示。

表 7-5　市场异常策略

异常策略	内容
小公司效应	小公司效应是以市场资本总额衡量的小型资本股票,其投资组合收益通常优于股票市场的整体表现。多数情况下,小公司的投资回报要优于大公司
低市盈率效应	低市盈率效应是指由低市盈率股票组成的投资组合的表现要优于由高市盈率股票组成的投资组合的表现。其特点表现在:①这类股票的市场价格更接近于价值,或者出现价值被低估的情况;②这类股票往往是市场投资者关注较少的股票,或者不是短期内的热点
日历效应	市场走势通常会表现出一些特定的规律。一些有经验的投资经理会选择股价走势通常较好的时期,作为买入时点,而在股价走势较弱的月份选择卖出
遵循内部人的交易活动	内部人通常可以利用其特殊地位提前于投资者获得公司尚未公布的信息,或者掌握比普通投资者更多的信息,并以此获得超额回报

(四)各投资策略的比较和主流变换

以技术分析为基础和以基本分析为基础的投资策略各具优劣势,其具体区别如表 7-6 所示。

表 7-6　技术分析和基本分析投资策略的比较

比较依据	技术分析	基本分析
对市场有效性的判定不同	以否定弱势有效市场为前提,认为投资者可以通过对以往价格进行分析而获得超额利润	以否定半强势有效市场为前提,认为公开资料没有完全包括有关公司价值的信息、有关宏观经济形势和政策方面的信息,可获得超额利润
分析基础不同	以市场上历史的交易数据(股价和成交量)为研究基础,认为市场上的一切行为都反映在价格变动中	以宏观经济、行业和公司的基本经济数据为研究基础,通过对公司业绩的判断确定其投资价值
使用的分析工具不同	以市场历史交易数据的统计结果为基础,通过曲线图的方式描述股票价格运动的规律	以宏观经济指标、行业基本数据和公司财务指标等数据为基础进行综合分析

目前,以基本分析为主,辅以技术分析成为投资策略的主流。以基本分析作为判断公司投资价值的基础,以技术分析观察股价市场走势判断买卖时机。

四、简单型消极投资策略

表 7-7　简单型消极投资策略

项目	内容
定义	简单型消极投资策略一般是在确定了恰当的股票投资组合之后,在 3~5 年的持有期内不再发生积极的股票买入或卖出行为,而进出场时机也不是投资者关注的重点
优点	交易成本和管理费用最小化
缺点	放弃从市场环境变化中获利的可能
适用性	适用于资本市场环境和投资者偏好变化不大,或者改变投资组合的成本大于收益的情况

五、指数型消极投资策略的市值法和分层法

(一)市值法

选择指数成分股中市值最大的部分股票,按照其在股价指数所占比例购买,将剩余资金平均分配在剩下的成分股中。

(二)分层法

将指数的成分股按照某个因素分类,然后按照各类股票在股价指数中的比例构造投资组合,至于各类中的具体股票可以随机或按照其他原则选取。

六、加强指数法

(一)定义

加强指数法是指基金管理人将指数化管理方式与积极型股票投资策略相结合,在盯住选定的股票指数的基础上做适当的主动性调整的股票投资策略。

(二)核心思想

加强指数法的核心思想是将指数化投资管理与积极型股票投资策略相结合。

(三)加强指数法与积极型股票投资策略的区别

加强指数法与积极型股票投资策略的区别主要在于风险控制程度不同:前者在复制组合的基础上加强风险控制,其目的不在于积极寻求投资收益的最大化,因此通常不会引起投资组合特征与基准指数之间的实质性背离;后者对投资组合与基准指数的拟合程度要求不高,因此,经常会出现与基准指数的特征产生实质性偏离的情况。

第二节 债券投资组合

一、积极型债券组合管理策略

积极型债券组合管理策略包括了水平分析、债券互换、骑乘收益率曲线等类型,其具体内容如表 7-8 所示。

表 7-8 积极型债券组合管理策略的种类及应用法则

投资策略类型		说明
水平分析		主要形式:利率预期策略 ①预期利率下降时,增加投资组合的持续期 ②预期利率上升时,缩短投资组合的持续期
债券互换	替代互换	风险来源:①纠正市场定价偏差的过渡期比预期的更长;②价格走向与预期相反;③全部利率反向变化
	市场间利差互换	操作思路:①买入一种收益相对较高的债券,卖出当前持有的债券;②买入一种收益相对较低的债券,卖出当前持有的债券
	税差激发互换	①目的:通过债券互换来减少年度的应付税款,从而提高债券投资者的税后收益率 ②影响途径:债券收入现金流本身的税收特性不同、现金流的形式、现金流的时间特征
骑乘收益率曲线		①分类:子弹式策略、两极策略、梯式策略 ②应用法则:当收益率曲线斜率为正,且预计收益率曲线不变时,长期债券的收益率较短期债券的收益率更高。投资者可购买比要求期限更长的债券,券到期前售出,从而获得超额投资收益

二、消极型债券组合管理策略

(一)指数化投资策略

1. 指数化的目标和动机

指数化的目标是使债券投资组合达到与某个特定指数相同的收益。其动机包括:

(1)经验证据表明积极型的债券投资组合的业绩并不好;

(2)所收取的管理费用更低;

(3)有助于基金发起人增强对基金经理的控制力。

2. 指数的选择

投资者可以根据自身的投资范围等条件选择相应的指数作为参照物。

3. 指数化的方法

指数化的方法可分为分层抽样法、优化法、方差最小化法,其基本内容及适用情况如表7-9所示。

表 7-9　指数化方法的种类及适用情况

方法	基本内容	适用情况
分层抽样法	将指数的特征排列组合后分为若干个部分,在构成该指数的所有债券中能代表每一个部分的债券,以不同特征债券在指数中的比例为权重建立组合	债券数目较小
优化法	在满足分层抽样法要达到的目标的同时,还满足一些其他的条件,并使其中的一个目标实现最优化,如在限定修正期限与曲度的同时使到期收益最大化	债券数目较大
方差最小化法	债券组合收益与指数收益之间的偏差称为追随误差,并求得追随误差方差最小化的债券组合。	债券数目较大,且要求采用大量的历史数据

4. 指数化的衡量标准

跟踪误差是衡量资产管理人管理绩效的指标。

指数构造中所包含的债券数量越少,由交易费用所产生的跟踪误差就越小,但由于投资组合与指数之间的不匹配所造成的跟踪误差就越大;反之,可以降低跟踪误差。

5. 指数化的局限性

(1)该指数的业绩并不一定代表投资者的目标业绩,与该指数相配比也并不意味着资产管理人能够满足投资者的收益率需求目标。

(2)资产管理人在构造指数化组合时将面临其他的困难:

①构造投资组合时的执行价格可能高于指数发布者所采用的债券价格,导致投资组合业绩劣于债券指数业绩;

②公司债券或抵押支持债券可能包含大量的不可流通或流动性较低的投资对象,其市场指数可能无法复制或者复制成本很高;

③总收益率依赖于对息票利息再投资利率的预期。

6. 加强的指数化

加强的指数化是通过一些积极的但是低风险的投资策略提高指数化组合的总收益。

(二)免疫策略

1.满足单一负债要求的投资组合免疫策略

组合应满足以下条件:

(1)债券投资组合的久期等于负债的久期;

(2)投资组合的现金流量现值与未来负债的现值相等。

在以上两个条件与其他方面的需求确定的情况下,求得规避风险最小化的债券组合。

零息债券的规避风险为零,是债券组合的理想产品。

2.多重负债下的组合免疫策略

组合应满足以下条件:

(1)债券组合的久期与负债的久期相等;

(2)组合内各种债券的久期的分布必须比负债的久期分布更广;

(3)债券组合的现金流现值必须与负债的现值相等。

在上述三个条件满足的情况下,用数学规划的方法求得规避风险最小化的债券组合。

3.多重负债下的现金流匹配策略

现金流匹配策略是按偿还期限从长到短的顺序,挑选一系列的债券,使现金流与各个时期现金流的需求相等,是一种完全免疫策略。优点是:①没有任何免疫期限的现值;②不承担任何市场利率风险。缺点是:成本往往较高。

第三节　衍生工具

一、实施对冲策略的主要步骤

对冲交易是指在期货期权远期等市场上同时买入和卖出一笔数量相同、品种相同,但期限不用的合约,以达到套利或规避风险等目的。

对冲策略的制定是企业开展对冲业务的核心环节之一,通常需要风险敞口分析、市场分析、对冲工具的选择、对冲比率的确定等几个步骤。

二、风险敞口分析和对冲比率确定的主要内容

(一)风险敞口分析

1.风险敞口的分类

风险敞口,是指暴露在外未加保护的,会对企业经营产生消极影响的风险。企业风险敞口的类型包括两类:

(1)单向敞口

企业的原材料或产品中,只有一方面临较大的价格变动风险,而另一方的价格较为确定。单向敞口又可以根据是原材料价格风险较大还是产品价格风险较大分为上游敞口下游闭口(原材料价格风险较大,产品价格比较稳定)和上游闭口下游敞口(原材料价格比较稳定,产品价格波动较大)两种类型。

（2）双向敞口

双向敞口是指原材料和产品都面临较大的价格波动风险。

2. 风险敞口的识别

企业的风险敞口由企业的类型决定,其具体类型及对冲方式如表7-10所示。

表 7-10 不同风险敞口的类型及其对冲方式

企业类型	所属风险敞口类型	对冲方式
生产型	上游闭口、下游敞口型	卖出对冲
贸易型	双向敞口类型	①针对不同的时间窗口采取不同的对冲方式
加工型	双向敞口类型	②这种企业往往既需要买入对冲也需要卖出对冲。
消费型	下游闭口、上游敞口类型	买入对冲

对于大型企业风险敞口类型。则应采取"先拆分,再整合"的方式,分别梳理每个业务部分的风险点以后,再联合起来看某些风险点是否可以相互覆盖。从风险管理的角度讲,全产业链的模式本身也是大型企业管理风险的一种方法。

3. 风险敞口的度量

量化风险的手段和工具有很多,包括 VaR 法、敏感性分析法、情景分析法、压力测试、波动率分析法等常用量化工具。

（二）对冲比率的确定

1. 对冲比率的计算

$$对冲比率 = \frac{持有期货合约的头寸大小}{资产风险暴露数量}$$

传统对冲理论中,对冲比率为1。其前提是期货的标的资产要完全等同于风险资产。在绝大多数情况下,恰当的对冲比率并非等于1。

2. 最小方差对冲比率

其表达式为:

$$h^* = \rho \frac{\sigma_{\Delta s}}{\sigma_{\Delta F}}$$

其中,Δs:在对冲期限内,现货价格 s 的变化;ΔF:在对冲期限内,期货价格 F 的变化;h^*:最小方差对冲比率。$\sigma_{\Delta s}$:Δs 的标准差;$\sigma_{\Delta F}$:ΔF 的标准差;ρ:两者之间的相关系数。

若 $\rho = 1$ 和 $\sigma_{\Delta F} = \sigma_{\Delta S}$,则期货价格完全等于现货价格,此时最优对冲比率 h^* 为 1.0;

若 $\rho=1$ 和 $\sigma_{\Delta F}=2\sigma_{\Delta S}$ 则期货价格的变动幅度是现货价格变动幅度的 2 倍,此时最优对冲比率 h^* 为 0.5。

3. 价格敏感性对冲比率

基于久期的对冲比率也被称为价格敏感性对冲比率。

(1)表达式一:

$$N_f^* = -\left(\frac{MD_B}{MD_f}\right)\left(\frac{B}{f}\right)$$

其中, f 为利率期货合约的价格; MD_f 为期货标的资产在期货到期日的修正久期; B 为被对冲的债券组合在对冲到期日的远期价值,通常假定该价格等于债券组合的当前价格; MD_B 为被对冲的债券组合在对冲到期日的修正久期。

利用这一关系式,可以使得资产组合的久期变为 0。

(2)表达式二:

$$N_f^* = (\text{收益率贝塔})\frac{PVBP_B}{PVBP_f}$$

其中, $PVBP_B$ 表示一个基点的利率变化导致债券价格的变化值,即 $\Delta B/Vy_B$ 或 $-MD_B \cdot B$。 $PVBP_T$ 表示一个基点的利率变化导致期货价格的变化值,即 $\Delta f/\Delta y_F$ 或 $-MD_F \cdot f_0$。

收益率贝塔(β)是由债券收益率对期货隐含收益率回归产生的回归系数。假设债券收益率与期货隐含收益率按一比一的比例变化,则 β 就等于 1。但该收益率贝塔并不恒为 1,则通过收益率贝塔调整后的价格敏感性公式为:

$$N_f^* = -\left(\frac{MD_B}{MD_f}\right)\left(\frac{B}{f}\right)\beta_\gamma$$

4. 股指期货的对冲比率

股指期货的最小方差对冲比率为:

$$N_f = -\left(\frac{\beta_S}{\beta_f}\right)\left(\frac{S}{f}\right)$$

其中, s 为股票组合的价值; f 为股指期货合约的价格; β_S 为股票组合的贝塔系数; β_F 为期货合约的贝塔系数。

该对冲方法没有考虑资产组合中股票的红利。

5. 不同风险敞口下对冲比率的计算

(1)价格风险的对冲

①根据公式 $h^* = \rho \frac{\sigma_{\Delta S}}{\sigma_{\Delta F}}$ 计算;

②通过普通最小二乘(OLS)回归分析进行估计。

特别注意:在进行计算或回归分析时,应关注的是价格的变化而不是价格本身。

(2)收益风险的对冲

对农产品在秋季收成的价格风险进行对冲,为了确定风险最小化的对冲比率,可以以其现货价格为被解释变量,期货价格为解释变量,进行回归,然后将斜率系数的估计值乘以收成总量,再除以期货的合约规模,得到要卖出的合约手数。由于秋季收获时的农产品价格 s_T 以及每亩产量 n_T 均未知。有:$Var(R_T)=Var(n_T S_T+hF_T)$。

要找出收入风险最小化的对冲,只需替换回归式 $\Delta S_T=\alpha\alpha_0+_1\Delta F_T+\varepsilon_T$ 中的被解释变量,用每亩收入的变换替换农产品价格的变化。

（3）利润风险的对冲

毛利润风险指生产总收益和生产总成本之间的差额,即:

$$M_T=n_0 S_{0,T}-n_1 S_{1,T}-固定成本$$

其中,n_0 是产出在 T 时刻价格为 $S_{0,T}$ 时的需求量,n_1 是生产要素投入的数量,$S_{1,t}$ 是每单位要素投入的成本。

（4）资产组合价值的对冲

资产组合价格风险的表达式为:

$$\mathrm{Var}(V_T+hF_T)$$

其中,V_T 是资产组合中所有证券在时刻 r 的市场价格总和,F_T 是期货价格。

待对冲的资产组合价值和期货价格之间存在如下关系:

$$\mathrm{In}V_T=\alpha_0+\alpha_1\mathrm{In}F_T+\varepsilon_T$$

其中,α_1 是价格弹性,表示对于期货价格百分之一的变化,资产组合价格变化的百分比。

将上式差分,得回归方程:

$$R_{V,t}=\alpha'_0+\alpha_1 R_{F,t}+\varepsilon'_t$$

式中,$R_{V,t}=\mathrm{In}(V_t/V_{t-1})$,$R_{F,t}=\mathrm{In}(F_t/F_{t-1})$。

式 $R_{V,t}=\alpha'_0+\alpha_1 R_{F,t}+\varepsilon'_t$ 中的截距项与式 $\mathrm{In}V_T=\alpha_0+\alpha_1\mathrm{In}F_T+\varepsilon_T$ 中的斜率系数是相同的。

（5）多种风险源的对冲

处理该风险问题的一个直接方法就是利用多元回归模型:

$$R_V=\alpha_0+\alpha_1 R_{F,1}+\alpha_2 R_{F,2}+\cdots+\alpha_n R_{F,n}+\tilde{\varepsilon}$$

用于对冲的期货合约的选择原则是其收益率会影响资产组合的价值。在此仅考虑两种风险因素:股票市场风险和石油价格风险。

三、常见的对冲策略有效性评价方法

最常见的对冲策略有效性评价方法是主要条款比较法、比率分析法和回归分析法,其主要内容及优缺点如表 7-11 所示。

表 7-11　不同对冲策略有效性评价方法的比较

评价方法	主要内容	说明
主要条款比较法	通过比较对冲工具和被对冲项目的主要条款,以确定对冲是否有效	①优点:评估方式直接明了,操作简便,主要观察对冲的"四项基本原则"是否符合 ②缺点:以定性分析为主,定量检测不够,忽略基差风险的存在

续表

评价方法	主要内容	说明
比率分析法	通过比较被对冲风险引起的对冲工具和被对冲项目公允价值或现金流量变动比率,以确定对冲是否有效	①优点:计算方式简单明了,考虑了价差的变化 ②缺点:以定性分析为主,定量检测不够,忽略基差风险的存在
回归分析法	分析对冲工具和被对冲项目价值变动之间是否具有高度相关性,判断对冲是否有效	回归分析法中,自变量可反映出被对冲项目公允价值变动或预计未来现金流量现值变动;因变量可反映出对冲工具公允价值变动

四、实施套利策略的主要步骤

以跨市套利策略为例,其步骤如下:

机会识别──→历史确认──→概率分布及相关性确认──→置信区间及状态确认──→置信区间及状态确认──→基本面因素分析──→基金持仓验证──→补救措施

五、套利方法

(一)期现套利

表 7-12　期限套利的相关内容

	内容
概念	是指利用期货市场与现货市场之间的不合理价差,通过在两个市场上进行反向交易,待价差趋于合理而获利的交易
形成	期限套利的理论依据是持有成本理论。当期货价格与现货价格的价差高于持仓成本,就会有人买进现货,卖出期货,最终会促进价差重新回归到正常区间水平
操作流程	①应选择与企业经营有关的商品。 ②要确定好套利的方向:正向期现套利和反向期现套利两种。 a.正向期现套利。 原理:当期货价格大于现货价格时,称正向市场。当期货价格对现货价格的升水大于持仓成本时,套利者可以实施正向期现套利,即在买入(持有)现货的同时卖出同等数量的期货,等待期现价差收敛时平掉套利头寸或通过交割结束套利。 持有成本的计算: 正向期现套利持有成本=交易和交割手续费+运输费+入库费+检验费+仓单升贴水+仓储费+增值税+资金占用费 b.反向期现套利。 原理:当期货价格小于现货价格时,称为反向市场。反向套利是构建现货空头和期货多头的套利行为(在期现套利中就是做空基差)

续表

	内容
常见风险	①进行投机操作； ②卖出数量超出实际现货数量； ③对期货交易的保证金制度了解不够
注意事项	①商品必须符合期货交割要求。商品的质量； ②要保证运输和仓储，注册仓单的时间点对于套利的效果起到很重要的作用； ③有严格的财务预算； ④注意增值税风险

（二）跨期套利

表 7-13　跨期套利的相关内容

	内容
概念	是指在同一市场买入（或卖出）某一交割月份期货合约的同时，卖出（或买入）另一交割月份的同种商品期货合约，以期在两个不同月份的期货合约价差出现有利变化时对冲平仓获利
理论基础	基差随交割月份的临近逐渐趋于零；同一商品不同月份合约之间的最大月间价差由持有成本来决定。理论期货价格＝现货价格＋运输费用＋持有成本 远期合约期货价格≤近期合约期货价格＋持有成本，持有成本＝交易费用＋增值税＋仓储费＋存货资金占用成本＋其他费用。理论上，不同月份合约间的正常价差应该小于或者等于持有成本，否则就会出现套利机会。
事件冲击性套利	是指由于某一事件的发生对近月和远月的价格波动影响不同，从而出现月间价差变化，依据事件的发生建立买近卖远或买远卖近的跨期套利交易。具体分为以下几种： ①挤仓。多头挤仓一般情况下产生资金溢价，空头挤仓一般情况下产生仓单压力贴水。 ②库存变化。库存变化对于近远期合约的价差变化影响比较明显：库存紧张导致近期合约相对于远期合约的价格快速走强，库存压力导致价差的逐步变化（走弱）。只有当库存超过正常的库存波动区间，才能够影响合约的价差变化。 ③进出口问题。进出口问题影响的是市场中短期的供求关系与市场本身的库存变化。 ④买入期价受事件正面影响的公司，卖出期价受事件负面影响的公司
结构型跨期套利	是指除了一部分反映的是供求关系的影响外，更多的是反映投机者的偏好对价差的影响。当市场处于一个明显的投机性看涨氛围，投机者一般都喜欢参与远期合约，所以容易在远期合约上面形成投机性溢价。（国内外市场结构）外强内弱，看涨气氛倾向于推高远月，可反向跨期套利

续表

	内容
正向可交割 跨期套利	是指同一期货品种,当其远期和近期合约的价差大于其持有成本时,出现的买近期抛远期的套利机会。 ①理论基础:由于远期合约与近期合约的价差不可能偏离持有成本太远,正向可交割跨期套利交易的风险相对较小。如到期把注册仓单进行交割,从而获取价差收益。 ②操作过程:其核心在于持有成本的计算。当某一期货品种月间价差大于持有成本时,就可以考虑进行正向可交割跨期套利交易。 ③风险:财务风险、交割规则风险和增值风险

(三)跨商品套利

表7-14 跨商品套利的相关内容

	内容
概念	是指利用两种或两种以上相关联商品的期货合约的价格差异进行套利交易,即买入某一商品的期货合约,同时卖出另一相同交割月份、相互关联的商品期货合约,以期在有利时机同时将这两种合约对冲平仓获利
种类	①相关商品之间的套利;②原料和原料下游品种之间的套利
基本条件	①高度相关和同方向运动,这样一次跨商品套利包含两项类似于对冲性质的反向操作,风险得到相当程度的屏蔽; ②波动程度相当; ③投资回收需要一定的时间周期,价格从非正常区域回到正常区域需要一定的时间,回收投资也需要一定的时间; ④有资金规模的要求,跨商品套利是在两种商品之间进行操作,一次跨商品套利包含了两项反向操作,对于保证金的要求也应该两倍于普通的投机操作
特征	①出现套利机会的概率较大。跨商品套利是在不同商品之间进行的,由于导致不同商品价格之间出现套利机会的因素很多,获利空间将维持更长久时间。 ②相应风险大。由于不同商品具有不同的个体特征,其相关程度和同种商品相比相对较低,波动性也不一致,使得跨商品套利中商品价差的变化区间并非一成不变,波动程度也更为剧烈

(四)跨市场套利

表7-15 跨市场套利的相关内容

	内容
概念	是指在某个市场买入(或者卖出)某一交割月份的某商品合约的同时,在另一个市场卖出(或者买入)同种商品相应的合约,以期利用两个市场的价差变动来获利

续表

	内容
前提	①期货交割标的物的品质相同或相近； ②期货品种在两个期货市场的价格走势具有很强的相关性； ③进出口政策宽松,商品可以在两国自由流通
分类	如果贸易方向和套利方向一致,称为正向套利;反之,称为反向套利
风险分析	①比价稳定性,比价稳定是相对的,一旦时间和空间这两个条件被打破,将有可能导致比价偏离均值后缺乏"回归性"; ②市场风险,指在特定的市场环境下或时间范围内,套利价格的异常波动,如不采取应对措施,可能会有获利头寸被强行平仓,留下亏损的单向头寸,导致套利失败; ③交易成本,在套利中,若交易成本非常高,会蚕食掉相当比重的获利; ④信用风险,指境内企业委托境外小规模代理机构进行外盘跨市套利操作,存在一定的信用风险; ⑤时间敞口风险,主要指内外盘交易时间存在一定差异,加大了跨市套利的操作性风险; ⑥政策性风险,也称系统性风险,指国家对有关商品进出口政策的调整、关税及其他税收政策的大幅变动等; ⑦交易风险,指投资者在套利头寸的建仓/平仓过程中,行情剧烈变化,价格起伏波动太快,一些原本空间不大的套利在开平仓时,随时都可能出现价格或者持仓数量的失误,导致套利操作的混乱,直接影响和改变该次套利投资的结果

过关演练

一、选择题(以下备选项中只有一项符合题目要求)

1. 股票投资风格体系的标准不包括(　　)。

A. 公司规模　　　　　　　　B. 股票价格行为

C. 公司成长性　　　　　　　D. 股票的风险特征

【答案】D

【解析】股票投资风格分类体系,就是按照不同标准将股票划分为不同的集合,具有相同特征的股票集合共同构成一个系统的分类体系。不同风格股票的划分具有不同的方法。按公司规模划分的股票投资风格通常包括:小型资本股票、大型资本股票和混合型资本股票三种类型。按股票价格行为所表现出来的行业特征,可以将其分为增长类、周期类、稳定类和能源类等类型。按照公司成长性可以将股票分为增长类股票和非增长类(收益率)股票。

2.股票投资风格指数是对股票投资风格进行( )的指数。

A.风险评价 B.业绩评价

C.资产评价 D.负债评价

【答案】B

【解析】股票投资风格指数就是对股票投资风格进行业绩评价的指数,引入了风格指数的概念作为评价投资管理人业绩的标准。比如,增长类股票和非增长类股票的基本特点有很大的不同,因而专门投资于增长类或收益类股票的经理业绩很大程度上取决于所选取股票类型的发展趋势。由此引入了风格指数的概念作为评价投资管理人业绩的标准。

3.技术分析是建立在否定( )的基础之上。

A.有效市场 B.半强势市场

C.强势有效市场 D.弱势有效市场

【答案】D

【解析】以技术分析为基础的投资策略是以否定弱势有效市场为前提,认为投资者可以通过对以往价格进行分析而获得超额利润。

4.下列( )不是常用的收益率曲线策略。

A.水平策略 B.梯式策略

C.子弹式策略 D.两极策略

【答案】A

【解析】常用的收益率曲线策略包括子弹式策略、两极策略和梯式策略三种。其中,子弹式策略是使投资组合中债券的到期期限集中于收益率曲线的一点;两极策略则将组合中债券的到期期限集中于两极。

5.债券投资管理中的免疫法,主要运用了( )。

A.流动性偏好理论 B.久期的特性

C.理论期限结构的特性 D.套利原理

【答案】B

【解析】久期和凸度对债券价格波动的风险管理具有重要意义,债券基金经理可以通过合理运用这两种工具实现资产组合现金流匹配和资产负债有效管理。如果债券基金经理能够较好地确定持有期,那么就能够找到所有的久期等于持有期的债券,并选择凸性最高的债券。这类策略称为免疫策略。

6.交易者根据对同一外汇期货合约在不同交易所的价格走势的预测,在一个交易所买入一种外汇期货合约,同时在另一个交易所卖出同种外汇期货合约而进行套利属于( )交易。

A.期现套利 B.跨期套利

C.跨市场套利 D.跨币种套利

【答案】C

【解析】外汇期货套利形式与商品期货套利形式大致相同,可分为期现套利、跨期套利、跨市场套利和跨币种套利等类型。外汇期货跨市场套利是指交易者根据对同一外汇期货合约在不同交易所的价格走势的预测,在一个交易所买入一种外汇期货合约,同时在另一个交易所卖出同种外汇期货合约,从而进行套利交易。

7.以下构成跨期套利的是( )。

A.买入 A 交易所 5 月铜期货合约,同时卖出 B 交易所 5 月铜期货合约

B.买入 A 交易所 5 月铜期货合约,同时买入 A 交易所 7 月铜期货合约

C.买入 A 交易所 5 月铜期货合约,同时卖出 A 交易所 7 月铜期货合约

D.买入 A 交易所 5 月铜期货合约,同时买入 B 交易所 5 月铜期货合约

【答案】C

【解析】跨期套利是指在同一市场(即同一交易所)同时买入、卖出同种商品、不同交割月份的期货合约,以期在有利时机同时将这些期货合约对冲平仓获利。

8.股票投资风格指数是对股票投资风格进行( )的指数。

A.风险评价   B.业绩评价

C.资产评价   D.负债评价

【答案】B

【解析】股票投资风格指数是对股票投资风格进行业绩评价的指数,引入了风格指数的概念作为评价投资管理人业绩的标准。比如,增长类股票和非增长类股票的基本特点有很大的不同,因而专门投资于增长类或收益类股票的经理业绩很大程度上取决于所选取股票类型的发展趋势。由此引入了风格指数的概念作为评价投资管理人业绩的标准。

9.一个人在现货市场买入 5000 桶原油,同时在期货市场卖出 4000 桶原油期货合约进行套期保值,则对冲比率是( )。

A.1.25   B.1   C.0.5   D.0.8

【答案】D

【解析】对冲比率是指持有期货合约的头寸大小与资产风险暴露数量大小的比率。根据定义,该组合的对冲比率为:4000/5000=0.8。

10.以下构成跨期套利的是( )。

A.买入 A 交易所 5 月铜期货合约,同时卖出 B 交易所 5 月铜期货合约

B.买入 A 交易所 5 月铜期货合约,同时买入 A 交易所 7 月铜期货合约

C.买入 A 交易所 5 月铜期货合约,同时卖出 A 交易所 7 月铜期货合约

D.买入 A 交易所 5 月铜期货合约,同时买入 B 交易所 5 月铜期货合约

【答案】C

【解析】跨期套利是指在同一市场(即同一交易所)同时买入、卖出同种商品、不同交割月份的期货合约,以期在有利时机同时将这些期货合约对冲平仓获利。

二、组合型选择题(以下备选项中只有一项最符合题目要求)

1.下列关于消极债券组合管理策略的描述,正确的是( )。

Ⅰ.通常使用两种消极管理策略:一种是指数策略;另一种是免疫策略

Ⅱ.消极的债券组合管理策略将市场价格假定为公平的均衡交易价格

Ⅲ.如果投资者认为市场效率较高,可以采取消极的指数策略

Ⅳ.试图寻找被低估的品种

A. Ⅰ、Ⅱ、Ⅲ
B. Ⅱ、Ⅲ、Ⅳ
C. Ⅰ、Ⅲ、Ⅳ
D. Ⅰ、Ⅱ、Ⅳ

【答案】A

【解析】Ⅳ项,消极的债券组合管理者通常把市场价格看作均衡交易价格,因此,他们并不试图寻找低估的品种,而只关注于债券组合的风险控制。

2.消极的债券组合管理策略不包括( )。

Ⅰ.指数策略

Ⅱ.债券互换

Ⅲ.满足单一负债要求的投资组合免疫策略

Ⅳ.应急免疫

A. Ⅰ、Ⅲ
B. Ⅱ、Ⅳ
C. Ⅱ、Ⅲ、Ⅳ
D. Ⅰ、Ⅱ、Ⅲ、Ⅳ

【答案】B

【解析】在债券投资组合管理过程中,通常使用两种消极管理策略:①指数策略,目的是使所管理的资产组合尽量接近于某个债券市场指数的表现;②免疫策略,包括满足单一负债要求的投资组合免疫策略、多重负债下的组合免疫策略和多重负债下的现金流匹配策略。Ⅱ、Ⅳ两项属于积极债券组合管理策略。

3.风险敞口的度量指标有( )。

Ⅰ.波动率
Ⅱ.在险价值
Ⅲ.收益率
Ⅳ.历史价值

A. Ⅰ、Ⅱ
B. Ⅰ、Ⅲ
C. Ⅱ、Ⅲ
D. Ⅱ、Ⅳ

【答案】A

【解析】风险敞口指未加保护的风险,即因债务人违约行为导致的可能承受风险的信贷余额,指实际所承担的风险,一般与特定风险相连。风险敞口的度量指标包括:波动率和在险价值。

4.比率分析法是以同一期财务报表上若干重要项目的相关数据相互比较,求出比率,用以分析和评价公司的经营活动以及公司目前和历史状况的一种方法,是财务分析最基本的工具,主要包括( )。

Ⅰ.获利能力比率
Ⅱ.偿债能力比率
Ⅲ.成长能力比率
Ⅳ.周转能力比率

A. Ⅰ、Ⅱ、Ⅲ
B. Ⅰ、Ⅱ、Ⅳ
C. Ⅱ、Ⅲ、Ⅳ
D. Ⅰ、Ⅱ、Ⅲ、Ⅳ

【答案】D

【解析】由于进行财务分析的目的不同,因而各种分析者包括债权人、管理当局,政府机构等所采取的侧重点也不同。作为股票投资者,主要是掌握和运用四类比率,即反映公司的获利能力比率、偿债能力比率、成长能力比率、周转能力比率这四大类财务比率。

5.企业风险敞口分为(　　)这几种类型。

　　Ⅰ.单向敞口　　　　　　　　　　　　Ⅱ.双向敞口

　　Ⅲ.多向敞口　　　　　　　　　　　　Ⅳ.上游敞口

　　A.Ⅰ、Ⅱ　　　　　　　　　　　　　　B.Ⅰ、Ⅲ

　　C.Ⅱ、Ⅳ　　　　　　　　　　　　　　D.Ⅲ、Ⅳ

【答案】A

【解析】企业的风险敞口有两种类型:单向敞口与双向敞口。单向敞口是指企业的原材料或产品中,只有一方面临较大的价格变动风险,而另一方的价格较为确定。双向敞口则是指原材料和产品都面临较大的价格波动风险。

6.下列对期现套利描述正确的是(　　)。

　　Ⅰ.期现套利可利用期权价格与现货价格的不合理价差来获利

　　Ⅱ.商品期权期现套利的参与者多是有现货生产经营背景的企业

　　Ⅲ.期现套利只能通过交割来完成

　　Ⅳ.当期权与现货的价差远大于持仓费时,存在期现套利机会

　　A.Ⅰ、Ⅱ　　　　　　　　　　　　　　B.Ⅲ、Ⅳ

　　C.Ⅰ、Ⅲ、Ⅳ　　　　　　　　　　　　D.Ⅰ、Ⅱ、Ⅳ

【答案】D

【解析】期现套利是指利用期货市场与现货市场之间不合理价差,通过在两个市场上进行反向交易,待价差趋于合理而获利的交易。在实际操作中,也可不通过交割来完成期现套利,只要价差变化对套利者有利,可通过将期货合约和现货头寸分别了结的方式来结束期现套利操作。

7.跨商品套利可分为(　　)。

　　Ⅰ.相关商品间的套利　　　　　　　　Ⅱ.原料和原料下游品种之间的套利

　　Ⅲ.半成品与成品间的套利　　　　　　Ⅳ.任何两种商品间的套利

　　A.Ⅰ、Ⅱ　　　　　　　　　　　　　　B.Ⅱ、Ⅳ

　　C.Ⅱ、Ⅲ、Ⅳ　　　　　　　　　　　　D.Ⅰ、Ⅱ、Ⅲ、Ⅳ

【答案】A

【解析】跨商品套利是指利用两种或两种以上相关联商品的期货合约的价格差异进行套利交易,即买入某一商品的期货合约,同时卖出另一相同交割月份、相互关联的商品期货合约,以期在有利时机同时将这两种合约对冲平仓获利。跨商品套利分为两种:①相关商品之间的套利;②原料和原料下游品种之间的套利。

8.多重负债下的组合免疫策略组合应满足的条件有(　　)。

Ⅰ.证券组合的久期与负债的久期相等

Ⅱ.组合内各种债券的久期的分布必须比负债的久期分布更广

Ⅲ.债券组合的现金流现值必须与负债的现值相等

Ⅳ.债券组合的现金流现值必须与负债的现值不相等

A.Ⅰ、Ⅱ、Ⅳ   B.Ⅰ、Ⅱ、Ⅲ

C.Ⅰ、Ⅲ   D.Ⅱ、Ⅳ

【答案】B

【解析】多重负债下的组合免疫策略,组合应满足以下条件:①证券组合的久期与负债的久期相等;②组合内各种债券的久期的分布必须比负债的久期分布更广;③债券组合的现金流现值必须与负债的现值相等。在上述三个条件满足的情况下,用数学规划的方法求得规避风险最小化的债券组合。

9.某投资者在3月份以300点的权利金卖出一张执行价格为13000点的5月恒指看涨期权,同时,他又以500点的权利金卖出一张执行价格为13000点的5月恒指看跌期权,下列说法正确的包括(　　)。

Ⅰ.若恒指为13000点,该投资者取得最大收益,为800点

Ⅱ.若恒指为13800点,该投资者处于盈亏平衡点

Ⅲ.若恒指为12200点,该投资者处于盈亏平衡点

Ⅳ.该投资者损失最大为12200点

A.Ⅱ、Ⅲ   B.Ⅰ、Ⅱ、Ⅲ

C.Ⅰ、Ⅲ   D.Ⅰ、Ⅱ、Ⅲ、Ⅳ

【答案】B

【解析】假设期权到期时,恒指为 X 点,若 $X>13000$,看涨期权将被执行,看跌期权不被执行,该投资者的总收益 $=13000-X+300+500=13800-X$;若 $X<13000$,看涨期权将被放弃,看跌期权将被执行,投资者的总收益 $=X-13000+300+500=X-12200$;若 $X=13000$,无论两份期权是否执行,获得最大收益800。所以,该投资者的盈亏平衡点为13800和12200,当 $X>13800$,投资者的亏损无限。

10.以下投资策略中,不属于积极债券组合管理策略的是(　　)。

Ⅰ.指数化投资策略   Ⅱ.多重负债下的组合免疫策略

Ⅲ.多重负债下的现金流匹配策略   Ⅳ.债券互换

A.Ⅰ、Ⅱ、Ⅲ   B.Ⅱ、Ⅳ

C.Ⅲ、Ⅳ   D.Ⅰ、Ⅱ、Ⅲ、Ⅳ

【答案】A

【解析】积极债券组合管理策略包括:水平分析、债券互换、应急免疫、骑乘收益率曲线;消极债券组合管理策略包括指数化投资策略、久期免疫策略、现金流匹配策略、阶梯形组合策略、哑铃型组合策略等。

第八章 理财规划

考情分析

本章主要从现金、消费和债务管理、保险规划、税收规划、人生事件规划以及投资规划五个方面介绍了理财规划的基本内容。其中现金、消费和债务管理重点介绍了现金、消费和债务管理的目标、现金预算编制、应急资金管理的内容、消费支出预期及其他消费的内容、有效债务管理和影响个人信贷能力的因素、债务管理应注意的事项、家庭财务预算的综合分析等基本理论；保险规划主要介绍了保险基本原理和我国主要的保险品种、保险规划的目标、主要步骤、风险类型及其制定原则等内容；税收规划包括我国的税收体系和主要税种、税收规划的目标、原则、基本内容及主要步骤等内容；人生事件规划主要包括教育规划、退休规划和遗产规划；投资规划则主要介绍了投资规划的目标、基本内容和步骤及其实际运用等内容。

备考方法

本章涉及的知识点较为琐碎，需要大量记忆的内容较多，考生在学习过程中应注重掌握答题技巧，在近 3 次考试中，本章所占的分值约为 16 分。考生应理解现金、消费和债务管理的目标、现金预算编制的内容、程序和控制的方法、现金预算与实际的差异分析；重点记忆影响个人信贷能力的因素；详细掌握保险规划的目标、制定原则、税收规划的目标、原则和基本内容；对于投资规划的目标、基本内容和步骤，则要求考生熟练掌握和运用。

思维导图

```
                                    ┌── 现金、消费和债务管理的目标
                                    ├── 现金预算编制的内容和程序
                                    ├── 现金预算控制的方法
                                    ├── 现金预算与实际的差异分析
                                    ├── 应急资金管理的内容
                  现金、消费和债务管理 ┤── 即期消费和远期消费的内容
                                    ├── 消费支出预期及其他消费的内容
                                    ├── 有效债务管理的考虑因素
                                    ├── 个人信贷能力的决定因素
                                    ├── 债务管理应注意的事项
                                    └── 家庭财务预算的综合分析

                                    ┌── 保险基本原理和我国主要的保险品种
理财                  保险规划       ┤── 保险规划的目标
规划                                ├── 制定保险规划的原则
                                    └── 保险规划的主要步骤和风险类型

                                    ┌── 我国的税收体系和主要税种
                     税收规划       ┤── 税收规划的目标和原则
                                    ├── 税收规划的基本内容和主要步骤
                                    └── 税收规划的实际运用

                                    ┌── 教育规划的分类、内容和制定方法
                     人生事件规划    ┤── 退休规划的误区和步骤
                                    └── 遗产规划工具和策略的选择

                     投资规划       ┌── 投资规划目标和基本内容
                                    └── 投资规划的步骤和实际运用
```

考点精讲

第一节　现金、消费和债务管理

一、现金、消费和债务管理的目标

在理财规划中,现金、消费及债务管理的目标是让客户有足够的资金去应付日常生活的开支、建立紧急应变基金去应付突发事件、减少不良资产及增加储蓄的能力,从而建造一个财务健康、安全的生活体系。

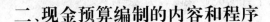

二、现金预算编制的内容和程序

(一)内容

现金管理的内容是现金和流动资产。用一定的时间去评估现有的财务状况、支出模式及目标,会得到一项比较实际的预算。

(二)程序

(1)设定长期理财规划目标;

(2)预测年度收入;

(3)算出年度支出预算目标;

(4)对预算进行控制与差异分析。

三、现金预算控制的方法

客户消费支出较高的部分应作为节约支出的重点控制项目。

为了控制费用与投资储蓄,应该建议客户开立三种类型的银行账户,如表 8-1 所示。

表 8-1　三种类型的银行账户

账户	功能
定期投资账户	达到强迫储蓄的功能
扣款账户	若有贷款本息要缴,则在贷款行开一个扣款账户,方便随时掌握贷款的本息交付状况
信用卡账户	弥补临时性资金不足,减少低收益资金的比例

四、现金预算与实际的差异分析

(1)总额差异的重要性大于细目差异;

(2)要定出追踪的差异金额或比率门槛;

(3)依据预算的分类个别分析;

(4)刚开始做预算若差异很大,应每月选择一个重点项目改善;

(5)若实在无法降低支出,需设法增加收入。

五、应急资金管理的内容

(一)以现有资产状况来衡量紧急预备金的应变能力

失业保障月数＝存款、可变现资产或净资产/月固定支出

该指标越高,表示即使失业也暂时不会影响生活,可审慎地寻找下一个适合的工作。最

低标准的失业保障月数是三个月,能维持六个月的失业保障较为妥当。

(二)紧急预备金的储存形式

(1)流动性高的活期存款、短期定期存款或货币市场基金;

(2)利用贷款额度。

六、即期消费和远期消费的内容

(一)即期消费

即期消费是指消费者为了获得某一方面生活的满足,根据消费能力对商品的当前消费行为。

(二)远期消费

远期消费是指在较长时间才需要实现的消费,一般指时间在 3 年以上的消费。

七、消费支出预期及其他消费的内容

(一)消费支出预期

消费支出预期是指在安排人生大事的时候要在财务上有充分的准备。

(二)其他消费

(1)孩子的消费:孩子消费问题是国内不合理消费最多的地方;

(2)住房、汽车等大额消费:这两项消费容易出现超出消费能力的提前消费或过度追求高消费,由此带来财务上的危害;

(3)保险消费:保障的支出水平应当和自身的收入水平相适应。

八、有效债务管理的考虑因素

(1)贷款需求;

(2)家庭现有经济实力;

(3)预期收支情况;

(4)还款能力;

(5)合理选择贷款种类和担保方式;

(6)选择贷款期限与首期用款及还贷方式;

(7)信贷策划特殊情况的处理。

九、影响个人信贷能力的因素

(一)决定因素

在合理的利率成本下,个人的信贷能力取决于客户收入能力和客户资产价值。

(二)影响因素

表 8-2　影响因素

因素	描述
年龄	年龄较小或较大,其还款能力均不佳,通常,借款人的年龄在 25 到 55 岁之间,较为容易获得贷款
收入情况	收入越高,还款能力越强
身体状况	身体状况越好,越容易获得贷款
职业性质	职业工作稳定,职业收入也稳定,还款能力越强
负债	借款人若每月收入较高,负债也较高,则还款能力相对较弱,通常,新旧贷款每月的还款额不超过个人月收入的 50%
工作时间	通常,工作时间较长的人士,收入较高,工作较稳定,还款能力相对较高

十、债务管理应注意的事项

家庭债务管理力主"量力而行",其核心就是对未来的还贷能力以及借贷活动对家庭财务的影响的评估。

进行债务管理时应注意:

(1)债务总量与资产总量的合理比例;

(2)债务期限与家庭收入的合理关系;

(3)债务支出与家庭收入的合理比例,考虑家庭结余比例、收入变动趋势、利率走势等其他因素;

(4)短期债务和长期债务的合理比例,要充分考虑债务的时间特性和客户生命周期以及家庭财务资源的时间特性要匹配;

(5)债务重组。

十一、家庭财务预算的综合分析

(一)家庭收支状况的分析

表 8-3 家庭收支状况的分析

分析		内容
收支盈余情况分析		总收入减去总支出后的结余如果为负,则家庭当年的收支出现入不敷出的情况;反之,则反映出当年家庭收支出现盈余
财务自由度的分析		财务自由度＝理财收入/生活支出 财务自由度越接近"1"或者大于"1",财务自由度就越高,表明理财收入已基本能够覆盖生活支出
收入支出结构分析	收入结构分析	理财收入占比越大,则家庭对工作收入的依赖越低;工作收入的占比越大,则家庭对工作收入的依赖性就越大
	生活支出结构分析	在收入支出表中可以较直观地看到生活支出中各类支出子项目的占比情况
	结余能力分析	①通过对生活结余占比和理财结余占比的比较看出家庭盈余的主要来源; ②通过客户对结余的支配情况的分析,观察到客户结余管理效率的高低; ③自由结余占比越大,客户的结余使用效率越低; ④出现总储蓄为正,自由结余为负的情况,则说明家庭显然已出现流动性问题,可以适当调整已支配结余的额度,或者通过调整生活支出,来达到收支平衡
	应急能力分析	通过资产负债表中的流动性资产额度除以家庭月支出(收入支出表中的总支出额度除以 12)得到家庭紧急预备金月数,以此来衡量家庭的应急能力。通常会要求客户建立紧急预备金账户,并保持较高的流动性;紧急预备金额度通常为家庭月支出的 3～6 倍为宜

(二)家庭债务管理状况的分析

表 8-4 家庭债务管理状况的分析

分析	内容
资产负债率分析	资产负债率＝总负债/总资产 若该比率超过 50%,则客户的总体负债偏高

续表

分析		内容
融资比率分析		融资比率＝投资性负债/投资性资产 该比率体现了客户家庭的理财积极程度
负债结构 分析	消费负债 比率	消费负债比率＝消费性负债/总负债 如果消费性负债是逾期的信用卡债,需向客户了解信用卡债的形成原因,或者比较有针对性地向客户了解,其家庭是否出现过流动性问题
	投资性负 债比率	投资性负债比率＝投资性负债/总负债 当该比率较高或者只有投资性负债,说明家庭的生活品质已经到了一定的水平
	自用性负 债比率	自用性负债比率＝自用性负债/总负债 当自用性负债是家庭的主要负债时,客户家庭可能还处在提升家庭生活品质的阶段,也可能是在财富积累的初级阶段
偿债能力 分析	平均负债利 率分析	平均负债利率＝统计年度利息支出/总负债 当该比率高于基准贷款利率的20％以上,一方面需提醒客户关注自己的财务负担,另一方面则可根据实际情况,在负债管理计划中提出债务重组的建议
	债务负担 率分析	债务负担率＝统计年度的本息支出/税后工作收入 当该比率超过40％,对生活品质可能会产生影响

第二节　保险规划

一、保险基本原理和我国主要的保险品种

(一)保险基本原理

表8-5　保险基本原理

基本原理	内容
大数法则	指当有规律性重复一件事的次数越多,所得的预估发生率就会越接近真实的发生率
风险分散原则	简单来讲就是不要把鸡蛋放在同一个篮子里,需要同质的参保对象间具有较好的独立性,不会出现大量参保对象同时发生事故的情况

续表

基本原理	内容
风险选择原则	指保险人在承保时,对投保人所投保的风险种类、风险程度和保险金额等要有充分和准确的认识,并作出承保或拒保或者有条件承保的选择。保险人对风险的选择表现在两个方面:①尽量选择同质风险的标的承保;②淘汰那些超出可保风险条件或范围的保险标的

(二)我国主要的保险品种

我国的保险品种较多,其具体分类如表 8-6 所示。

表 8-6　我国主要的保险品种及其具体分类

品种	定义	具体分类
人寿保险	以被保险人的寿命为保险标的、以被保险人的生存或死亡为保险事故的一种保险	①普通型人寿保险 ②年金保险 ③新型人寿保险
人身意外伤害保险	被保险人因遭受意外伤害,而导致残疾或死亡时,保险公司按照合同约定的残疾给付比例支付残疾保险金或者按规定的保险金额支付身故保险金的一种人身保险产品	①按保险风险可分为: a.普通意外伤害保险 b.特定意外伤害保险 ②按保险期限可分为: a.1 年期意外伤害保险 b.极短期意外伤害保险 c.多年期意外伤害保险
健康保险	以被保险人的身体为保险标的,对被保险人因疾病或意外事故所致伤害时发生的直接费用和间接损失进行补偿的一种人身保险	①疾病保险 ②医疗保险 ③收入保障保险 ④长期护理保险
财产保险	广义:以财产及其有关的经济利益和损害赔偿责任为保险标的的保险;	①财产损失保险 ②责任保险 ③信用保险
	狭义:以物质财产为保险标的的保险	——

续表

品种	定义	具体分类
团体保险	以团体为保险对象,以集体名义投保并由保险人签发一份总的保险合同,保险人按合同规定向其团体中的成员提供保障的保险	①团体人寿保险 ②团体意外伤害保险 ③团体健康保险

二、保险规划的目标

表 8-7 保险规划的目标

目标	内容
风险保障	家庭风险保障项目可分为阶段项目和长期项目:前者包括贷款还款、子女教育金和遗属生活等保障项目;后者包括养老、应急基金、丧葬费用等保障项目。对于阶段性的保障项目应该为客户配置定期寿险,以应对阶段性的风险保障需求;对于长期的保障项目,应该为客户配置终身寿险,以应对家庭长期的风险保障需求
储蓄投资	很多保险产品都具有风险保障和储蓄投资的双重功能
财产安排	当保险给付风险未发生时,保单的现金价值和分红属于投保人;当保险给付风险发生时,保险给付属于被保险人或受益人
遗产规划	人寿保险是遗产规划的有效工具

三、制定保险规划的原则

制定保险规划应遵循转移风险、量力而行、分析客户保险需要三大原则,其需要考虑的因素如表 8-8 所示。

表 8-8 制定保险规划的原则及需考虑的因素

原则	考虑因素
转移风险	①家庭的主要风险是什么; ②怎样合理地将风险通过保险规划进行转移
量力而行	根据客户的经济实力量力而行
分析客户保险需要	①适应性:根据客户需要保障的范围考虑购买的险种; ②客户经济支付能力; ③选择性:在有限的经济能力下,为成人(特别是家庭的"经济支柱")投保比为儿女投保更实际

四、保险规划的主要步骤和风险类型

(一)主要步骤

表 8-9   保险规划的主要步骤

主要步骤	内容
确定保险标的	各国保险法律都规定,只有对保险标的有可保利益才能为其投保,否则,该投保行为无效。可保利益应该符合三个要求:①必须是法律认可的利益;②必须是客观存在的利益;③必须是可以衡量的利益
选定保险产品	从业人员要帮助客户准确判断保险标的具体情况(保险标的所面临的风险的种类、各类风险发生的概率、风险发生后可能造成损失的大小,以及自身的经济承受能力),进行综合的判断与分析,帮客户选择对其合适的保险产品,较好地回避各种风险
确定保险金额	保险金额是当保险标的发生保险事故时,保险公司所赔付的最高金额。通常,保险金额的确定应该以财产的实际价值和人身的评估价值为依据
明确保险期限	保险期限涉及投保人预期缴纳保险费的多少与频率,与客户未来的预期收入关系密切;财产保险、意外伤害保险、健康保险等保险品种,多为中短期(半年或一年)保险合同,在保险期满之后可以选择续保或停止投保;人寿保险保险期限一般较长。在为客户制订保险规划时,应该将长短期险种结合起来综合考虑

(二)风险类型

表 8-10   风险类型

风险	内容
未充分保险的风险	该风险既可能体现在对财产的保险上,也可能出现在对人身的保险上
过分保险的风险	该风险可能发生在财产保险、人身保险或制定保险产品组合计划时
不必要保险的风险	该风险若通过自保险或风险保留来解决,方便、简单,节省费用,能够取得资金运用收益;若进行保险,会增加机会成本,造成资金的浪费

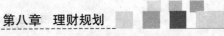
第三节 税收规划

一、我国的税收体系和主要税种

(一)税制体系

我国共有增值税、消费税、营业税、企业所得税、个人所得税、资源税、城镇土地使用税、房产税、城市维护建设税、耕地占用税、土地增值税、车辆购置税、车船税、印花税、契税、烟叶税、关税、船舶吨税等 18 个税种。其中,16 个税种由税务部门负责征收;关税和船舶吨税、进口货物的增值税、消费税由海关部门征收。

(二)分类方法

我国税收分类方法及其特点如表 8-11 所示。

表 8-11 我国税收分类方法及其特点

划分依据	种类	特点
计税依据	价内税	以含税价格作为计税依据
	价外税	以不含税价格作为计税依据
税收负担能否转嫁	直接税	税收负担不能由纳税人转嫁出去,必须由自己负担
	间接税	税负可以由纳税人转嫁出去,由他人负担
税收管理和受益权限	中央税	属于中央财政固定收入,归中央政府支配和使用
	地方税	属于地方财政固定收入,归地方政府支配和使用
	中央地方共享税	属于中央政府和地方政府共同享有,按一定比例分成

二、税收规划的目标和原则

表 8-12 税收规划的目标和原则

目标	税务规划的目标是在遵循税收法律、法规的情况下,充分利用税法所提供的包括减免在内的一切优惠,对多种纳税方案进行优化选择,以实现个人、企业自身价值最大化或股东权益最大化。具体包括:①减轻税收负担;②实现涉税零风险;③获取资金时间价值;④维护企业自身的合法权益;⑤提高自身经济利益

续表

原则	合法性	指税法是规范征管关系的基本准则,客户具有依法纳税的义务,税务机关的征税行为也必须受到税法的规范
	目的性	指从业人员在制订税收规划时应该有很强的为客户减轻税负、取得节税收益的动机,从而降低税收成本以达到总体效益的最大化
	规划性	指税收规划通过事先的计划、设计和安排,在进行筹资、投资等活动前,把这些行为所承担的相应税负作为影响最终财务成果的重要因素来考虑,通过趋利避害来选取最有利的方式
	综合性	指进行税收规划时,必须综合考虑规划以使客户整体税负水平降低

三、税收规划的基本内容和主要步骤

(一)基本内容

1. 分类

税务规划可分为避税规划、节税规划和转嫁规划三类,其基本定义和特征如表 8-13 所示。

表 8-13　税务规划的分类及特征

种类	定义	特征
避税规划	为客户制订的理财计划采用"非违法"的手段,获取税收利益的规划	①非违法性; ②有规则性; ③前期规划性和后期的低风险性; ④有利于促进税法质量的提高;⑤反避税性
节税规划	理财计划采用合法手段,利用税收优惠和税收惩罚等倾斜调控政策,为客户获取税收利益的规划	①合法性; ②有规则性; ③经营的调整性与后期无风险性; ④有利于促进税收政策的统一和调控效率的提高;⑤倡导性
转嫁规划	理财计划采用纯经济的手段,利用价格杠杆,将税负转给消费者或转给供应商或自我消转的规划	①纯经济行为; ②以价格为主要手段,不影响财政收入;③促进企业改善管理、改进技术

明确转嫁的判断标准,有利于明确转嫁概念与逃税、避税及节税的区别。转嫁的判断标准包括:

(1)转嫁和商品价格是直接联系的,与价格无关的问题不能纳入税负转嫁范畴。

(2)转嫁是个客观过程,没有税负的转移过程不能算转嫁。

(3)税负转嫁是纳税人的主动行为,与纳税人主动行为无关的价格再分配性质的价值转移不能算转嫁。

2. 主要方法

(1)利用优惠政策

利用优惠政策筹划法是指纳税人凭借国家税法规定的优惠政策进行税务规划的方法。主要包括:

①直接利用筹划法

国家支持与鼓励纳税人利用税收优惠政策进行筹划,纳税人可以光明正大地利用优惠政策为自己企业的生产经营活动服务。

②地点流动筹划法

从国际大环境来看,跨国纳税人可利用各国税收政策存在的税率差异、税基差异、征税对象差异、纳税人差异、税收征管差异和税收优惠差异等,进行国际间的税务规划;从国内税收环境来看,纳税人可选择在优惠地区注册,或将现时不太景气的生产转移到优惠地区,以享受税收优惠政策。

③创造条件筹划法

无法享受优惠待遇的纳税人自己想办法创造条件使其符合税收优惠规定或者通过挂靠在某些能享受优惠待遇的企业或产业、行业,使自己符合优惠条件,从而享受优惠待遇。

④税制可利用的优惠因素

税制可利用的优惠因素有多种,其具体定义、特点和技术要点如表8-14所示。

表 8-14 税制可利用的优惠因素及其定义、特点、技术要点

优惠因素	定义	特点	技术要点
利用免税筹划	在合法、合理的情况下,使纳税人成为免税人,或使纳税人从事免税活动,或使征税对象成为免税对象而免纳税收的税务规划方法	·能直接免除纳税人的应纳税额,技术简单; ·适用范围狭窄; ·具有一定的风险性	以尽量争取更多的免税待遇和尽量延长免税期为要点
利用减税筹划	在合法、合理的情况下,使纳税人减少应纳税收而直接节税的税务规划方法	·技术简单; ·适用范围狭窄; ·具有一定风险性	——

优惠因素	定义	特点	技术要点
利用税率差异筹划	在合法、合理的情况下,利用税率的差异而直接节税的税务规划方法	·适用范围较广; ·复杂性; ·具有相对确定性	技术要点在于尽量寻求税率最低化,以及尽量寻求税率差异的稳定性和长期性。
分劈技术	在合法、合理的情况下,使所得、财产在两个或更多个纳税人之间进行分劈而直接节税的税务规划技术	技术较为复杂	要点在于使分劈合理化、节税最大化
利用税收扣除筹划	在合法、合理的情况下,使扣除额增加而实现直接节税,或调整各个计税期的扣除额而实现相对节税的税务规划方法	·技术较为复杂; ·适用范围较大; ·具有相对确定性	要点在于使扣除项目最多化、扣除金额最大化和扣除最早化
利用税收抵免筹划	在合法、合理的情况下,使税收抵免额增加而节税的税务规划方法	抵免的项目越多、金额越大,应纳税额就越小,节税就越多	要点在于使抵免项目最多化、抵免金额最大化
利用退税筹划	在合法、合理的情况下,使税务机关退还纳税人已纳税款而直接节税的税务规划方法	所退税额越大,节减的税收就越多	——

(2)利用纳税期递延

利用延期税务规划是指在合法、合理的情况下,使纳税人延期缴纳税收而节税的税务规划方法。延期纳税如果能够使延期纳税项目最多化、延长期最长化,则可以达到节税的最大化。

(二)主要步骤

1.了解客户的基本情况和要求

表8-15　了解客户的基本情况和要求

情况	内容
婚姻状况	客户的婚姻状况会影响某些税种的扣除
子女及其他赡养人员	抚养子女及赡养其他人员,在很多国家和地区可以享有一定的扣除、抵免或免税,会对客户的应纳税额产生影响

情况	内容
财务情况	财务情况包括客户的收入情况、支出情况及财产情况;财产包括客户的动产和不动产
投资意向	投资意向包括客户的投资方向和投资额
对风险的态度	节税与风险并存,节税越多,风险越大,两者的权衡取决于客户对风险的态度等多种因素
纳税历史情况	纳税历史情况包括客户以前所纳税的税种、纳税金额以及减免税的情况
要求增加短期所得还是长期资本增值	客户对财务利益的要求大致有三种:①要求最大限度地节约每年税收成本,增加每年客户可支配的税后利润;②要求若干年后因为采用了较优的纳税方案,而达到所有者权益的最大的增值;③既要求增加短期税后利润,也要求长期资本增值
投资要求	根据客户要求进行税收规划,提出投资建议或提出修改客户要求的建议

2. 控制税收规划方案的执行

(1)当反馈的信息表明客户没有按设计方案的意见执行税收规划时,税收规划人应给予提示,指出其可能产生的后果;

(2)当反馈的信息表明从业人员设计的税收规划有误时,从业人员应及时修订其设计的税收规划;

(3)当客户经济情况中出现新的变化时,从业人员应介入判断是否改变税收规划。

四、税收规划的实际运用

通常,将工资、薪金所得和劳务报酬所得分开有利于节省税款。

第四节 人生事件规划

一、教育规划的内容、分类和制定方法

(一)内容和分类

1. 内容
教育规划是指为了需要时能支付教育费用所订的计划。

2. 分类
(1)职业教育规划

职业教育是针对自身的职业晋升和个人发展而进行专业和技术方面的继续教育。

(2)子女教育规划

子女教育规划是家庭教育理财规划的核心,通常由基本教育与素质教育组成,基本教育的成本一般包括基础教育与高等教育的学费等常规费用;素质教育的成本则包括兴趣技能培训班、课外辅导班等一些校外课堂的费用。

(二)制定方法

(1)确定教育目标

①确定对子女学历的基本要求;

②确定子女的读书地点与专业;

③确定子女的兴趣与天赋。

(2)计算教育资金需求

(3)计算教育资金缺口

(4)制作教育投资规划方案、选择合适的投资工具、产品组合

(5)教育投资规划的跟踪与执行

定期检测教育投资规划的执行情况,并根据经济、金融环境和客户自身情况的变化等及时调整教育投资规划。

总体来看,鉴于教育投资规划一般期限较长,在前期可以采取较为积极的投资策略,后期由于距离使用教育金的时间越来越近,应采取稳健保守的投资策略。

二、退休规划的误区和步骤

(一)误区

(1)计划开始太迟;

(2)对收入和费用的估计太乐观;

(3)投资过于保守。

(二)步骤

1.确定退休目标

客户应根据前期收入、负债情况等合理规划退休生活品质,避免过高追求带来过大压力。

2.计算资金需求和退休收入

(1)资金需求的计算

以当前消费水平为参照指标,综合考虑未来维持一定生活品质所需要的资金并适当调整资金需求;

退休养老需要的费用受到生存寿命、个人和家庭成员的健康状况、医疗养老制度的改革、通胀率等诸多因素的影响,很难准确估算。

(2)退休收入的计算

退休收入包括社会养老金、家庭存款、企业年金、商业保险、其他收入等。社会养老金是退休收入的主要来源,企业年金、家庭存款方面等个体差异较大。

估算社会养老金收入最主要的困难在于社会养老制度的不断变化与调整。

3. 计算资金缺口

退休规划的资金缺口是指退休后需要花费的资金(即资金需求)和可收入的资金之间的差距。

退休养老基金的"大缺口"＝PV 退休需求－PV 退休后既定养老金

退休养老基金的小缺口又称"养老金赤字",其计算公式如图 8-1 所示。

图 8-1　退休养老基金缺口的计算示意图

养老金赤字＝养老金总需求－养老金总供给＝PV 退休需求－(FV 退休前资金积累＋PV 退休后既定养老金)

解决养老金赤字是退休养老规划的核心。

4. 制定退休规划

用于退休养老金的投资要以稳健为主。各投资品种的特点及其适用性如表 8-16 所示。

表 8-16　各投资品种的特点及其适用性

投资品种	特点	适用性
银行存款	①流动性好; ②利率较低	不适合养老金大量投资
基金投资	①风险收益视品种而定; ②选择多,适宜做配置	①随退休年龄临近,基金投资可以逐渐偏向中低风险的品种; ②投资方式可以采取一次性投资或定期定额的方式投资
股票投资	风险较大	①老年人不宜将过多比例的资产投资于股票市场; ②优质蓝筹股相对更为适合退休规划
商业养老保险	①风险收益水平较低; ②流动性一般; ③退保成本较高; ④品种多	投保时年纪不宜过大

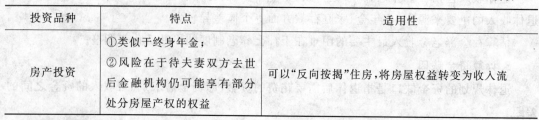

续表

投资品种	特点	适用性
房产投资	①类似于终身年金； ②风险在于待夫妻双方去世后金融机构仍可能享有部分处分房屋产权的权益	可以"反向按揭"住房,将房屋权益转变为收入流

实际确定投资方式时,通常遵循"投资100"原则,即风险投资品种占全部可投资资产的比例为(100-年龄)%。

5.退休规划的执行和跟踪

因退休规划覆盖时间较长,可能会经历经济环境和投资环境的交替变更,且客户的职业生涯、家庭情况、生活状况、收支情况等也可能发生变化,理财师应定期跟踪退休规划的执行情况并作出相应调整,以保证客户退休养老目标的实现。

三、遗产规划工具和策略的选择

(一)工具

遗产规划工具主要包括遗嘱、遗产委任书、遗产信托、人寿保险、赠与。

(二)策略的选择

(1)尽早做出安排;
(2)及时调整更新遗产计划;
(3)尽可能减少遗产额,从而少交遗产税;
(4)充分利用遗产优惠政策。

第五节　投资规划

一、投资规划的目标和基本内容

(一)目标

投资规划的重点在于客户需求或理财目标的实现,帮助客户实现资产保值增值。

(二)基本内容

1.投资基本理论

(1)投资的分类

①实物投资:也称为直接投资,指对有形资产的投资。

②金融投资：也称为间接投资，指对各种金融合约的投资。

（2）投资的特征

投资的特征是用确定的现值牺牲换取可能的不确定的（有风险的）未来收益，因此，对投资产品收益和风险结构的分析尤为重要。

2.制定投资规划的注意事项

（1）确定投资目标和可投资财富的数量，根据风险偏好确定采取稳健型或激进型的策略；

（2）分析投资对象，包括基本分析和技术分析；

（3）构建投资组合，涉及确定具体的投资资产和财富在各种资产上的投资比例；

（4）管理投资组合，包括评价投资组合的业绩和根据环境的变化对投资组合进行修正。

二、投资规划的步骤和实际运用

（一）步骤

表 8-17　投资规划的步骤

步骤	内容
确定客户的投资目标	大多数人的目标可以分成如下类型：应付突发事件、家庭大额消费和支出、子女教育和个人职业生涯教育需要、一般性投资组合以积累财富。 防范个人下列风险：过早死亡、丧失劳动能力、医疗护理费用、托管护理费用、财产与责任损失、失业。 提供退休后的收入，通过数量分析，计算要达到理财目标需要的投资收益率，客观判断当前为实现理财目标而配置的资产是否能够在当前的投资状态下达到期望的目标
让客户认识自己的风险承受能力	从业人员一般通过风险测试以及根据客户的年龄与资产状况判断其风险承受能力。通常，如果愿意承受的风险越大，投资的潜在收益率也就越高
根据客户的目标和风险承受能力确定投资计划	投资计划是以主观期望为中心，根据金融市场的客观状况，拟订的一套组合投资方法。要考虑到投资风险的客观存在，注意投资风险的规避和分散，保障投资目标的实现
实施投资计划	实施投资计划时，要对投资商品进行紧密的跟踪，在偏离客户的期望时要做详细的记录，最大限度地控制风险，减少不必要的损失
监控投资计划	制订了完整的投资计划，需要不断地评估投资策略和方法，保障投资计划的可行性。通常每半年或每年做一次投资总结；另外，当国家政策和相关法律、经济环境、金融商品等客观环境改变时，需要重新审视投资计划，并确定新的投资方案

（二）实际运用

在实际制定投资规划时,可先分析客户的基本资料,根据其年纪、生命周期所处的阶段和风险偏好测试,判断其属于哪种类型的投资者;其次根据客户的财务状况分析其家庭理财基础及存在的问题,与客户沟通后,以此作出具体的投资目标,选择适合客户的投资品种。

过关演练

一、选择题(以下备选项中只有一项符合题目要求)

1.在控制税收规划方案的执行过程中,下列做法错误的是(　　)。

A. 当反馈的信息表明客户没有按设计方案的意见执行税收规划时,税收规划人应给予提示,指出其可能产生的后果

B. 当反馈的信息表明从业人员设计的税收规划有误时,从业人员应及时修订其设计的税收规划

C. 当客户情况中出现新的变化时,从业人员应改变税收规划

D. 在特殊情况下,客户因为纳税与征收机关发生法律纠纷时,从业人员按法律规定或业务委托及时介入,帮助客户度过纠纷过程

【答案】C

【解析】C项,当客户情况中出现新的变化时,从业人员应介入判断是否改变税收规划。

2.老张是下岗工人,儿子正在上大学,且上有父母赡养,收入来源是妻子的工资收入2000元。他今年购买了财产保险,由于保险金额较高,且期限较长,其需支付的保险费高达每月1000元。老张的保险规划主要违背了(　　)。

A. 转移风险原则　　　　　　　　　B. 量力而行原则

C. 适应性原则　　　　　　　　　　D. 合理避税原则

【答案】B

【解析】客户购买保险时,其作为投保人必须支付一定的费用,即以保险费来获得保险保障。客户设计保险规划时要根据客户的经济实力量力而行。老张的经济实力不允许他每月支付高达1000元的保险费。

3.下列不是税务规划的目标的是(　　)。

A. 减轻税负、财务目标、财务自由　　B. 达到整体税后利润

C. 收入最大化　　　　　　　　　　D. 偷税漏税

【答案】D

【解析】税务规划是帮助纳税人在法律允许的范围内,通过对经营、理财和薪酬等经济活动的事先筹划和安排,充分利用税法提供的优惠与待遇差别,以减轻税负,达到整体税后利润、收入最大化的过程。

4. 以下关于退休规划表述正确的是( )。

A. 投资应当非常保守
B. 对收入和费用应乐观估计
C. 规划期应当在五年左右
D. 计划开始不宜太迟

【答案】D

【解析】退休养老收入来源包括:①社会养老保险;②企业年金;③个人储蓄投资。当前大多退休人士退休后的收入来源主要为社会养老保险,部分人有企业年金收入,但这些财务资源远远不能满足客户退休后的生活品质要求。因此,要建议客户尽早地进行退休养老规划,以投资、商业养老保险以及其他理财方式来补充退休收入的不足。

5. 为客户制定的教育规划包括个人教育投资规划和( )两种。

A. 本人教育规划
B. 近期教育规划
C. 长远教育规划
D. 子女教育规划

【答案】D

【解析】教育规划包括子女教育规划和客户自身教育规划两种情况。其中,子女教育规划的主要内容包括对教育费用需求的定量分析,通过储蓄和投资积累教育专项资金,金融产品的选择和资产配置等内容。

6. 投资规划中,进行资产配置的目标是( )。

A. 风险最小化
B. 收益最大化
C. 风险和收益的平衡
D. 效用最大化

【答案】C

【解析】资产配置是指依据所要达到的理财目标,按资产的风险最低与报酬最佳的原则,将资金有效地分配在不同类型的资产上,构建达到增强投资组合报酬与控制风险的资产投资组合。

7. 从业人员在制定投资规划时首先要考虑的是( )。

A. 投资工具的风险较低
B. 投资工具适合客户的财务目标
C. 投资工具的收益较高
D. 投资工具的流动性较好

【答案】B

【解析】从业人员在制订投资规划时首先要考虑的是某种投资工具是否适合客户的财务目标。要做到这一点,需要熟悉各种投资工具的特性和投资基本理论。

8. ( )的核心是建立应急基金,保障个人和家庭生活质量和状态的稳定性。

A. 保险规划
B. 现金规划
C. 投资规划
D. 税收规划

【答案】B

【解析】现金管理规划是指进行家庭或者个人日常的、日复一日的现金及现金等价物的管理。现金规划的核心是建立应急基金,保障个人和家庭生活质量和状态的持续性稳定,是针对家庭财务流动性的管理。

9. 保险规划的主要功能是( )。

A. 获取收益　　　　　　　　　　B. 转移和规避风险

C. 资产增值　　　　　　　　　　D. 融资

【答案】 B

【解析】 保险规划研究的是风险转移的问题。保险能够给一个家庭提供财务安全保障，当家庭失去主要收入来源时，凭借保险的保障功能依然可以维持家人生活的稳定。

二、组合型选择题(以下备选项中只有一项最符合题目要求)

1. 在消费管理中需要注意的几个方面内容包括(　　　)。

Ⅰ. 即期消费和远期消费　　　　　Ⅱ. 住房、汽车等大额消费

Ⅲ. 孩子的消费　　　　　　　　　Ⅳ. 保险消费

A. Ⅰ、Ⅲ　　　　　　　　　　　B. Ⅲ、Ⅳ

C. Ⅱ、Ⅲ、Ⅳ　　　　　　　　　D. Ⅰ、Ⅱ、Ⅲ、Ⅳ

【答案】 D

【解析】 在消费管理中要注意以下几个方面：①即期消费和远期消费；②消费支出的预期；③孩子的消费；④住房、汽车等大额消费；⑤保险消费。其中，即期消费和远期消费中，要注意保持一个合理的结余比例和投资比例，积累一定的资产不仅是平衡即期消费和未来消费的问题，也是个人理财、实现钱生钱的起点，即理财从储蓄开始。

2. 在现金、消费和债务管理中，家庭有效债务管理需要考虑的因素包括(　　　)。

Ⅰ. 还款能力

Ⅱ. 家庭现有经济实力

Ⅲ. 合理选择贷款种类及担保方式

Ⅳ. 家庭贷款需求

A. Ⅰ、Ⅲ　　　　　　　　　　　B. Ⅱ、Ⅲ、Ⅳ

C. Ⅲ、Ⅳ　　　　　　　　　　　D. Ⅰ、Ⅱ、Ⅲ、Ⅳ

【答案】 D

【解析】 除Ⅰ、Ⅱ、Ⅲ、Ⅳ四项外，在现金、消费和债务管理中，还需要考虑的因素包括：①选择贷款期限与首期用款及还贷方式；②信贷策划特殊情况的处理；③预期收支情况。

3. 下列属于制定保险规划的原则的是(　　　)。

Ⅰ. 分析客户保险需要　　　　　　Ⅱ. 量力而行

Ⅲ. 注重收益　　　　　　　　　　Ⅳ. 转移风险

A. Ⅰ、Ⅳ　　　　　　　　　　　B. Ⅰ、Ⅱ、Ⅳ

C. Ⅱ、Ⅲ、Ⅳ　　　　　　　　　D. Ⅰ、Ⅱ、Ⅲ、Ⅳ

【答案】 B

【解析】 保险规划具有风险转移和合理避税的功能。在为客户设计保险规划时主要应掌握的原则有：①转移风险的原则；②量力而行的原则；③分析客户保险需要的原则。

4. 下列可能会给保险规划带来风险的行为有(　　　)。

Ⅰ. 人身保险期限太短　　　　　　Ⅱ. 人身保险金额太小

Ⅲ. 财产超额保险　　　　　　　　Ⅳ. 财产重复保险

A. Ⅱ、Ⅲ　　　　　　　　　　　　B. Ⅰ、Ⅲ、Ⅳ

C. Ⅲ、Ⅳ　　　　　　　　　　　　D. Ⅰ、Ⅱ、Ⅲ、Ⅳ

【答案】D

【解析】保险规划风险主要体现在三个方面：①未充分保险的风险,如对财产进行的保险是不足额保险,或者是在对人身进行保险时保险金额太小或保险期限太短；②过分保险的风险,如对财产的超额保险或重复保险；③不必要保险的风险,如对于应该自己保留的风险进行保险,既不必要,还会增加机会成本,造成资金的浪费。

5. 人生事件规划包括(　　　)。

Ⅰ. 教育规划　　　　　　　　　　Ⅱ. 就业规划

Ⅲ. 失业规划　　　　　　　　　　Ⅳ. 退休规划

A. Ⅰ、Ⅱ　　　　　　　　　　　　B. Ⅰ、Ⅳ

C. Ⅰ、Ⅱ、Ⅳ　　　　　　　　　　D. Ⅰ、Ⅲ、Ⅳ

【答案】B

【解析】人生事件规划是解决客户教育及养老等需要面临的问题,主要包括教育规划和退休规划等。

6. 制定投资规划时的步骤包括(　　　)。

Ⅰ. 让客户认识自己的风险承受能力

Ⅱ. 确定客户的投资目标

Ⅲ. 实施和监控投资计划

Ⅳ. 根据客户的目标和风险承受能力确定投资计划

A. Ⅰ、Ⅱ、Ⅲ　　　　　　　　　　B. Ⅰ、Ⅲ、Ⅳ

C. Ⅱ、Ⅲ　　　　　　　　　　　　D. Ⅰ、Ⅱ、Ⅲ、Ⅳ

【答案】D

【解析】制定投资规划先要确定投资目标和可投资财富的数量,再根据对风险的偏好确定采取稳健型还是激进型的策略。制定投资规划主要应遵循以下步骤:①确定客户的投资目标；②让客户认识自己的风险承受能力；③根据客户的目标和风险承受能力确定投资计划；④实施投资计划；⑤监控投资计划。

7. 遗产规划策略的选择包括(　　　)。

Ⅰ. 尽早做出安排

Ⅱ. 及时调整新遗产计划

Ⅲ. 尽可能增加遗产额

Ⅳ. 充分利用遗产优惠政策

A. Ⅰ、Ⅱ　　　　　　　　　　　　B. Ⅰ、Ⅱ、Ⅲ

C. Ⅰ、Ⅲ、Ⅳ　　　　　　　　　　D. Ⅰ、Ⅱ、Ⅳ

【答案】D

【解析】Ⅲ项,遗产规划策略的选择应尽可能减少遗产额,从而少交遗产税。

8.在税收规划中,了解客户的基本情况和要求包括(   )。

Ⅰ.婚姻状况

Ⅱ.子女及其他赡养人员

Ⅲ.对风险的态度

Ⅳ.要求增加短期所得还是长期资本增值

A.Ⅰ、Ⅲ 　　　　　　　　　B.Ⅰ、Ⅲ、Ⅳ

C.Ⅱ、Ⅲ、Ⅳ 　　　　　　　D.Ⅰ、Ⅱ、Ⅲ、Ⅳ

【答案】D

【解析】除Ⅰ、Ⅱ、Ⅲ、Ⅳ四项外,税收规划需要了解的客户基本情况和要求还包括:①财务情况;②投资意向;③纳税历史情况;④投资要求。

9.进行退休生活合理规划的内容主要有(   )。

Ⅰ.工作生涯设计 　　　　　Ⅱ.理想退休后生活设计

Ⅲ.退休养老成本计算 　　　Ⅳ.退休后的收入来源估计

A.Ⅱ、Ⅲ 　　　　　　　　　B.Ⅱ、Ⅳ

C.Ⅲ、Ⅳ 　　　　　　　　　D.Ⅱ、Ⅲ、Ⅳ

【答案】D

【解析】制定退休养老规划的目的是保证客户在将来有一个自立、尊严、高品质的退休生活。退休规划的关键内容和注意事项之一就是根据客户的财务资源对客户未来可以获得的退休生活进行合理规划,内容包括理想退休后生活设计、退休养老成本计算、退休后的收入来源估计和相应的储蓄、投资计划。

10.现金管理是对现金和流动资产的日常管理,其目的在于(   )。

Ⅰ.满足日常支出的需求 　　Ⅱ.满足财富积累的需求

Ⅲ.满足应急资金的需求 　　Ⅳ.满足未来消费的需求

A.Ⅰ、Ⅲ 　　　　　　　　　B.Ⅰ、Ⅲ、Ⅳ

C.Ⅱ、Ⅲ、Ⅳ 　　　　　　　D.Ⅰ、Ⅱ、Ⅲ、Ⅳ

【答案】D

【解析】现金管理是对现金和流动资产的日常管理,其目的主要在于:①满足日常的、周期性支出的需求;②满足应急资金的需求;③满足未来消费的需求;④满足财富积累与投资获利的需求。